《逸經》文史集粹

簡又文 等著
蔡登山 主編

導讀：簡又文與《逸經》半月刊

蔡登山

《逸經》半月刊由簡又文創辦並擔任社長，一九三六年三月五日在上海創刊，至一九三七年八月二十日停刊，共出三十六期。前二十二期由謝興堯主編，之後由陸丹林主編。第三十七期已見到校樣，因抗戰軍興，沒有刊行，所以陸丹林所藏，比外間多了一冊，視為珍品。簡又文在其《回憶錄》中說：「我心目中所要辦的是專重文史的半月刊，但內容水準要提高，文章要充實，要兼具益智與怡情兩大條件——即要有學術性及可讀性兩美具備。定名為《逸經》。」《逸經》之名出於「漢六經皆置博士，其出自屋壁傳於民間，不在博士所習者，皆謂之逸」。也就是簡又文認為他所編輯的「逸文野史」雖有別於「正史」，但其價值上不亞於「六經」。

簡又文又說：「《逸經》標出『文史』兩字，但解釋不是狹義的而是廣義的。所謂『文』不僅是文學而是文化，範圍廣闊，包括典籍、小說、藝術、音樂、戲劇、散文、詩詞歌賦等等部門。而『史』則包括掌故、考古、逸聞、祕史、野乘、趣話（幽默故事）、歷史考證等等。務期開卷有益、掩卷有味。文體則長短不拘——語文並用，莊諧雜出，雅俗共賞。取材則中西並集，今古盡收，譯作皆有，小大悉備。尤要者內容不尚清談，不發空論，必求言中有物，華而且實，使能篇篇可讀，期期可傳。」

《逸經》闢有史實、遊記、書評（由謝興堯編）、人物志、祕聞、詩歌（由陸丹林編）、考古（由胡肇椿編）、紀事（由李應林編）、圖像、特寫（由明耀五編）、雜俎、小說（由簡又文編）等欄目，其所刊布的史學內容，雖大多偏重太平天國和辛亥革命史實的介紹，但仍載有其他方面的研究文章，有許多珍貴的歷史紀錄，至今仍是不可多得的第一手文獻史料。該雜誌也滙集當時諸多優秀的作家、學者，在「文」的方面有柳亞子、周作人、俞平伯、郁達夫、老舍、林語堂、陳子展、胡懷琛、趙景深、許欽文等人；在「史」的方面有馮自由、劉成禺、王重民、簡又文、徐一士、徐彬彬、謝國禎、馮玉祥、李季谷等人。

簡又文說：「《逸經》特闢『太平文獻』一門，差不多每期均有太平天國史料刊出，自詡為特色之一。因為我專門研究太平史，多方蒐集史料、文物，深恐汲深綆短，獨力不濟，最初創辦《逸經》的一大宗旨，就是借此刊物作為吸引全國讀者將所珍藏或發掘所得的太平史料投寄發表，公開貢獻於國內外史學界，也便於個人研究之『私圖』。拙著〈遊洪秀全故鄉所得到的太平天國新史料〉（二期）即『拋磚引玉』的第一篇。當時頗得史學同仁推重，羅爾綱至許為足與司馬遷的《史記》媲美（原函已寄贈耶魯大學圖書館）。以後，果得如響斯應，各方投寄珍貴文件甚多。其最重要者有如曹墅居譯〈英國政府藍皮書中之太平天國史料〉（四、五、七期）胡友棠錄之〈干王洪仁玕親筆供詞〉（廿期，由江西南昌寄來）。其尤可寶者，則北平圖書館之王重民將其在英國劍橋大學珍藏之太平官書十一種及文件多種影片惠贈。皆在國內失傳者。我們乃將《太平天日》，干王洪仁玕之《資政新篇》及《軍次實錄》等重行排印（十三期以下，十七期以下，廿八期以下，卅三期等）。我也將個人譯著多篇公諸同好研究。其餘不及備錄。許多都是初次在國內流傳者。這是《逸經》之獨特的貢獻。」

《逸經》第卅三、卅四期刊登筆名「幽谷」的〈紅軍二萬五千里西引記〉，較為詳細地反映紅軍長征的史實，是研究中共黨史的珍貴文獻。「幽谷」是何許人也？據簡又文說：「他是上海聖公會的董健吾牧師。我知道他與共黨幹部有來往，因想起紅軍由江西竄到延安的過程，外間鮮有得知其詳，乃與其商量可否採集資料特寫一篇關於是役的史實，在《逸經》發表。他沉思一會兒，即說有辦法，容徐圖之。再過一個時期，他拿了〈紅軍二萬五千里西引記〉數萬言，附行軍地圖來『繳卷』，並說這是由特別源頭，遠從延安寄來的行軍日記而編成的，都是真真實實的史料，據事直書，不加評論，與不用『長征』字樣，以免妨礙發表。他並假托為從剿共與共黨雙方所認識的朋友採訪而來的消息，以資掩護。末了，他還報導紅軍所走的路程真確數字是一萬八千八百八十八里，所云『二萬五千里』是誇張的。我認為這是一篇純然報導這役的史實的好文章，毫無政治黨派作用或關係，而極有文獻價值，可供研究現代中國史的上乘資料，所以亟為發表。」

然而這篇文章在國民黨文網森嚴的地區，引發極大的反響，《逸經》也因此承受了極大的壓力，幸好當時任國民黨中央宣傳部長的邵力子，與簡又文、陸丹林熟稔，認為《逸經》發表此類文稿，意在留存史料，並非宣傳「赤化」，一場風波，始告平息。而董健吾的〈紅軍二萬五千里西引記〉比美國名記者埃德加·斯諾（Edgar Snow）的《西行漫記》（又名《紅星照耀中國》）中譯本早一年多，在版本學的角度上是彌足珍貴的。因此簡又文也認為此文的刊登：「《逸經》聲譽益隆。我們自詡為對史學界又一小貢獻。」

而一九三七年《逸經》第二十五至二十七期刊載了瞿秋白就義前最後的一份寫作《多餘的話》。此時，距離瞿秋白犧牲已有約兩年。這是我們今天能見到的最早版本。

除此而外，馮自由從他自身的經歷與見聞及其在民初「稽勳局」局長任內而彙集的資料，分段寫《革命逸史》（後刊單行本），和兩廣監察使劉成禺（禺生）專記袁世凱竊國稱帝事，每期寫《洪憲紀事詩本事注》（後刊單行本）。簡又文說：「此兩種連載稿，實為《逸經》臺柱，富有掌故價值的文章，增光不淺。」另外尚有其他用別號或筆名投稿的文友，簡又文也在《回憶錄》有所說明：「五知」為謝興堯之號（見多期）。「謝剛主」即謝國楨（一期）。〈國民軍首都革命紀實〉署名「璧樹」：「璧」，英文拼音作big大也，即「大樹將軍」之義，乃是馮玉祥（十六期）。小說署名「味橄」者，為錢歌川（十一期等）。「老舍」原舒舍予，人所共知。「老向」為王向宸（廿四期）。「大厂居士」即易孺。「自在」即陸丹林。「憾廬」為林語堂之兄，後主辦《人間世》。「廖蘋庵」即廖平子。「曹芥初」即曹中直。「哀靈」即吳宗慈（十三期）。「建華」即馮自由之號（十六期）。「尊穎」即立法委員張西曼（廿八、卅三期）。譯「林語堂自傳」（十七、十八期）及其他散文，署「工爻」者，則是簡又文之「戲筆」也。

《逸經》三十六期，有近千篇文章，其中有不少具有高度價值的文獻史料，雖歷八十餘年，但仍彌足珍貴。因此筆者從其中挑出三十餘篇編成《逸經文史集粹》一書。所選文章的作者多為各界閱歷豐富人士，以親見親聞為本，揭述中國近現代史上一些重要事件和疑竇的真相。如遜清御醫屈桂庭自述診治光緒皇帝祕記（一九三六年底由簡又文在上海寓所訪問），鄭繼成回憶親手殺死軍閥張宗昌之經過詳情等（簡又文寫有〈忠孝勇俠的鄭繼成將軍〉），多為珍貴的「口述歷史」。對於孫中山的事蹟，簡又文、鄭照、王寵惠皆有一手獨到的觀察，發而為文，自是可觀。同樣馮自由、孫湜、溫一如之寫蘇曼殊也是如此，或為總角之交，或為少年好友，寫來自是親切有味。

又如「關中怪傑」郭堅一生傳奇，除了曹芥初（曹中直）的文章外，簡又文也寫了〈補紀郭堅伏法事〉，讓整個事蹟更為完整。「新疆王」楊增新從政經歷和被刺真相，由江東山寫出，除參考多種資料外，他自言「凡所稱引，均有由來可考，絕不敢妄加臆斷」。柳興西寫「廣西王」沈鴻英出身草莽，橫行數省，晚年退居香港後的歸宿。馮玉祥寫近代第一流廉吏王鐵珊，後又增補一篇，求其早年事蹟之完備。

他如，何慧青寫〈雲南起義祕史〉他說若詳述非數萬言不能盡，他力從簡略，以五六千字為之，但終究有所遺漏，因此又有一篇「補注」。而馮玉祥以筆名「璧樹」寫〈國民軍首都革命紀實〉，耶戈寫〈閩變回憶錄〉都是近距離的觀察，均為研究者提供了重要的參考資料。

總之《逸經文史集粹》一書，可說是《逸經》中有關近代史的精華篇章，除了作者都為知名人士之外，他們的文筆生動，敘述曲折，委婉可讀，更重要的是保留諸多重要的史料，當為文史愛好者所珍惜。

目次

孫總理少年逸事

簡又文

總理長兄眉公九歲開學讀書，惟因天資魯鈍，讀書多年成績不佳，其父母又有迷信，以為兒子於此年齡開學為不吉，故總理至十歲始行開學。總理最初上學之處即在翠亨本鄉之陸氏祖祠（即陸皓東之祖祠），其第一個業師姓王，鄉人奉以綽號為「蟾蜍王」。總理自幼聰慧過人，勤力向學，老師所教之功課，一讀即識，而且日日依時上學，從不偷懶，以故進步神速。王老師嘗對其父達成公言：「讓帝象在我這裡讀書三年，勝過他人讀十年了。」不幸入學甫一年，王患癱病去世，總理乃轉入鄭帝根塾中。達成公業農，全家均極儉樸，總理於夜間讀書，如在月亮朗照之夜，即不許點燈，只可於月下看書耳；至在無月亮之夜，則可點油燈，惟只許用燈草一條，如偶用兩條，其母即破唇大罵：「多費燈草讀書，你想中舉入學嗎？」總理童時讀書好在晨興之後及就寢之前，其讀書習慣，不好高聲朗誦，只如蒼蠅之作嗡嗡聲暗自低聲默念。家中婦女每於夜候抹牌為戲，總理一概不理不管，精神專注，自行靜坐用功。吾人緬想總理一生最好讀書，居常手不離卷，其勤學之品性，自其童時已然矣。在本村過了三年這樣的讀書生活，即便去國赴檀香山。

總理剛強不屈的意志和品性，殆與生俱來，在在表現於幼年生活中。他從不自動欺侮人家，但如有人欺負他，無論如何，他定必還擊、抵抗、報復，甚至追趕多遠的路程，亦必求得直，這真是革命的種子！一日，鄰村來一客家人，名「豆腐秀」者，肩挑大瓦鍋到翠亨賣油炸豆腐。總理與同鄉好友楊氏童子從竹籬外罅隙竊窺之，「豆腐秀」察覺，在暴怒之下，逕以滾油向竹籬澆潑，傷楊童。總理大怒，以為如此暴行重可致命，輕亦可令人目盲，一時激於義憤，打抱不平，即走至竹籬稍遠處，檢拾一塊石頭，飛擲籬內，適中瓦鍋，鍋穿油漏，生意完了。「豆腐秀」憤憤抗議，走告孫家。其母執總理大罵，即欲嚴責。長兄眉公，治弟素嚴，但為人正直講理，主張先行審問肇事情形，再判曲直。總理理直氣壯，一一申辯，及是非既明，其母及眉公不特不打不罵，反力責「豆腐秀」之不是，「豆腐秀」乃抱頭鼠竄。此總理十三歲時事也。

童時，總理一如常童，天真活潑，酷好嬉戲。十三歲時，母嘗命其肩挑瓦罐出外挑水，總理不喜此工作，私將瓦罐在石門上撞破之。又有一次，母氏遣其至村外水塘捉魚，結果所戴的一頂竹帽遺失於外，得不償失。每次「出了事」，眉公均嚴行審問之，總理卻據事直言，承認不喜歡執此苦役，從不打誑語，母氏及長兄因其誠實不欺，亦原諒而寬免之。此大足與美國國父華盛頓童時之承認伐櫻桃樹逸事相媲美。

約在此時，總理遇了一場無妄之災，幾至殞命。緣在新年元旦，鄉人數輩擲錢賭博（粵俗稱「攢烏白」），其中一人贏錢數十枚。總理旁觀有頃，忍不住開口勸告其人勿再賭下去，否則將至盡輸回彩錢了。其人不信，果盡輸去，乃以為總理出言不吉「觸霉頭」所致，即迎頭痛擊。總理當場暈倒在地，賭徒急逸去。他人在場者以氈蓋總理身首，不敢告其家人，越三點鐘後，總理始行蘇醒，悄然回家。

至十四歲那一年四月初一日（陰曆），總理由翠亨起程往香港轉乘輪船赴檀香山。其時，眉公已去檀經商，在大埠開設德隆昌米店。是年，適有店中夥計鄭強回國復赴檀島，眉公商得父母同意，托其挈總理赴檀讀書。至是成行，而總理一生生活又另起至有關鍵的一章矣。

抵檀後未幾，眉公即送其入山中之學校讀英文。一自正式入學校讀書，總理之品性改變，攻習愈勤。其後，轉入埃奧蘭尼（Iolani）學校，為該校之第一個中國學生。

十八歲那一年，總理由檀回國，載將在檀教會學校所得聞的基督教理以歸，對於多神的迷信蓄意破除。回鄉後，一日，到北帝廟遊玩，對一小侄子謂：如北帝偶像有肉，則是為真的活的神，否則是假的。乃復教其拔去偶像一隻手，以試看真偽，隨即相偕潛逃回家。迨鄉人察覺其事，立即鳴鑼集眾，僉議必是總理所為，群向達成公家興問罪之師。公懼，倉皇躲避於床帳後。總理母氏挺身出，與鄉人談判，答允賠償花銀十兩，建醮一壇，始得寢事。以父母譴責備至，總理不能忍，乃逃出廣州。

總理在廣州幸得美國嘉醫生之助力，入博濟醫院習醫一年，復回本鄉。其破神權辟迷信之興趣又勃發，一日，自磨小刀，私往北帝廟將北帝偶像側之金花夫人手指切斷，看其有血否，以測驗女神之真偽。歸家後，手捧女神之斷指與其二嬸看。此二嬸脾氣不好，性情怪僻，與闔村人等皆不和睦，獨總理尊之敬之，與其友善異常。其後革命成功，總理就任中華民國開國總統時，族中老成凋謝，惟此二嬸猶生存，得及身見此榮耀，村人均謂其福氣特好云。及鄉人復察覺金花夫人手指被切斷，又集眾向達成公理論，少不了又須破費賠償了。

愚按：太平天國天王洪秀全於起義前專以破神權、毀偶像為職志，總理青年時代亦屢行辟迷信之事，革命開國先後兩偉人心理與行事何巧合乃爾！在數十年前風氣閉塞，民智未開，而神權最盛時代，乃有弱冠青年冒大不韙，罔顧危險，敢向一鄉之神祗公然挑戰，對傳統思想不信任，對社會制度施破壞，其大無畏之精神為何如！其革命思想亦於此充分表現矣。

（以上諸條俱由總理堂妹陳孫老夫人口述）

總理自幼剛烈正直，任俠好義，品格如鐵之硬，如火之烈。惟其宅心最仁慈，天性最篤厚。凡有親戚故舊，無論如何窮困貧賤，到處必親往會見，從不加以白眼，自幼至壯以迄為民國元首、革命領袖，畢生均是如此。幼時每於離家出門時，必親到親戚中之長輩處一一謁見辭行，謙恭有禮，從無驕踞傲慢態度。此兩點亦足見其偉大人格中之美德也。（上一條孫哲生夫人述）

總理回鄉娶親後，即轉入香港雅麗氏醫院習醫，以迄畢業。時，陳少白氏亦與同學，共居一室。室中除二床外，滿堆書籍。兩人極友善，親如同胞，但彼此脾氣偶發，或互相戲弄，亦常相打相罵，甚至以書物互擲。宿舍之後即為倫敦教會道濟會堂之天階及廚房，常有什物由宿舍孫、陳住室之窗內擲出於此，有一次竟有煤油燈飛至。主持該堂者為王旭初牧師（即王寵惠氏之父），每到醫院申訴請求干涉。蓋總理在院學醫時，仍活潑好動，嬉戲打趣，不遜童時，人呼其綽號為「孫行者」。由此足見其活潑天真的性情之一斑。

同學中有關心焉、關心民弟兄（今均健在），其先人亦僑居檀香山，因多此一關係，總理亦與其異常友好，常到其家休息談話遊戲，每至則自由行動，毫無拘執，時逕自入廚房搜索食物以果腹，宛如家人兄弟也。時，心焉氏與檀島華僑李氏女結婚，同學窗友畢集府上，盡情高興。粵俗於人新婚時，最盛行鬧新房之舉（俗稱「反新婦」）。總理知新婦為檀島土生女，乃於新婦循例捲面前垂珠（俗稱「上企洞」）任賓客觀看之時，暗以英語對儕輩中何星儔（汝明）說話（時何方執燭看新婦），慫恿其叫新婦用檀島土話說「十一」數目。豈知新婦開口一說，闔座為之捧腹不已，蓋其音乃極似粵語中之罵人穢語也。何知受愚，急棄燭追總理，熱鬧的婚事中少不了又多一番吵鬧了。總理一生言行中風趣橫生，友愛可親，固非迂腐不倫或只是嚴厲可畏之一個不近人情的人也。

在學醫時期，總理即與尤列、陳少白、楊鶴齡諸人（綽號「四大寇」）密謀革命。其祕密集議之處門外懸一高五六寸之小招牌，顏曰「乾亨行」。總理既抱革命之決心，則在醫院暗自學會製炸彈術，嘗以婦人裹足布捲所試製之炸藥，亟欲試驗效力，自醫院樓上擲出街上，隆然一聲，驚動四鄰。警察聞聲趕至，密查多日，卒無由知拋擲者為誰也。（以上三條關心民醫師述）

與總理在博濟同學之何允文醫生言，總理在博濟習醫時，宿舍中藏有自置之二十四史全部。同學每嘲笑其迂腐及虛偽，以為其購置此書不事攻讀，只供陳設用而已。一日何抽其一本考問以內容，不料總理應對如流，果真每本讀過者。何始驚奇欽佩，知其於習醫之外，胸抱大志，信其必非池中物也。

汪精衛先生言，總理在粵垣行醫時，密謀革命。一日有英國海軍留學生程璧光，以胃病到館就醫，總理察其為海軍人才，亟欲延攬入黨共圖大舉，乃謂其病須每日到野外山川地方行走運動，多吸空氣，方可得痊，並自願陪行。由是偕其遊行多日，乘便灌以革命救國思想。一日，與程行至河南一廟中，入廟後，大門緊閉，則黨人方祕密開會於此，即邀程入黨，程簽名加盟。其後程因故未能積極參加革命運動，而初期革命事洩後，其弟奎光被捕殉義，即最先為革命犧牲之朱、丘、陸、程四烈士之一也。程璧光氏民國後任海軍總長，嘗隨總理回粵參預護法之役者。（以上兩條梁寒操先生述）

（原刊《逸經》第十七期）

孫中山先生逸事

鄭照

鄭有章先生（照），廣東寶安縣人，檀香山老華僑也。民國二十三年回國，任職於中央銀行。民二十四年八月二十一日，余請其到家中午膳小敘。飯後，在雪茄煙之吞吐間，鄭先生為我縷述總理革命事蹟甚詳，即濡筆一一記之。茲選出其中多為國人所未知且頗有趣味者，編成此篇，復經鄭先生在三月回檀之前親為校正認可，乃發表於本刊，以饗讀者。　又文前記

我最初認識中山先生是在一八八五年那一年。其時，他正在檀香山的埃奧蘭尼（Iolani）中學讀書，年僅十八九歲。校長是英人韋禮士主教（Bishop Alfred Willis）。我怎樣認識他呢？緣先兄鄭金是與他同學，共住於宿舍同一房間，臥床毗連，異常要好。學校伙食頗劣，寄宿生常不夠吃。先兄是一個半工半讀的學生，課餘在廚房內做工以補助學費，常常乘便私做些「三文治」等小點心給他的好友孫先生，因此二人交情愈密。校中華僑富家子弟甚多，如鍾宇、唐

洪等，囊中常有金錢，隨便多買食物，而窮學生則無此權利，只有聯合起來，團結互助，自想辦法了。先生初入校時，其家計仍未甚裕，囊亦常空，故亦自躋於窮學生之階級也。校規每月放假一天，孫先生必於假日偕同先兄出校到我們家裡休息遊玩，由家母款待之。由此我便認識他，但因年紀幼稚——那時只得十四五歲，尚未配同他做朋友。

那學校是英國的基督教會所辦的。校長人格高尚，循循善誘，孫先生遂日漸飽受宗教與道德之薰陶，卒下決心要受洗禮為基督徒。校長不即許，謂必須先得父兄之同意，方能行之。先生乃致函其兄眉公，略謂現已尋得真道，決心受洗禮為基督教徒云云。眉公是先生胞兄，居長，早歲離鄉到檀香山大埠附近之茂宜小島營畜植業。那時，他光景已漸發達，事業擴充，自有大牧場，領地六千英畝（合華畝約二萬），其中畜牛、馬、豬、雞、火雞等牲口數萬頭。場地有山林，有平原，工人逾千，華人、土人各半。眉公為全部主人，宛似南面稱孤之「小國之君」也；其政治勢力在該島上亦居重要地位，美國官員亦常與聯絡而借重其力以統治該島，時「孫阿眉」之名已為人所共知了。眉公的事業雖日趨發達，可是他的思想，尤其是宗教觀念，卻仍未開通，一得接乃弟請求許其受洗進教之信，即回書大罵，更將其原函付回廣東香山縣（今改中山）翠亨鄉老父達成公處。

達成公素居鄉業農，得眉公報告後，不禁大怒，即去信召先生回國。先生迫於嚴命，於是不得不輟學離校，含淚東歸矣。抵家之日，老父痛責其欲入洋教之非，先生即為詳細解釋真道性質。老父怒火愈盛，施以夏楚，且手拖其到本鄉之北帝廟，逼向偶像跪拜懺悔謝恩。先生不拜，又被痛毆，卒不得不如命，父怒乃稍息。過此未幾，先生積憤於心，無可發洩，一日偷到北帝廟，以石擲神像洩憤，至將神像之手毀斷。鄉人偵知其所為，告諸其父，且譏以「番鬼仔」（小洋鬼子）之惡名。其父又痛責之，先生不能忍，尋機逃避於廣州。

一日，先生悶悶不樂，在街上偶遇著一位外國人，先生趨前以英語攀談。此外國人乃是美國嘉醫生（Dr. John L. Kerr），在廣州主持教會所辦之博濟醫院。他深訝此青年所說英語之流利，亟邀其返醫院詳談。彼見先生青年有志，且以英文通達可為院用，即留其在院學習（此事係總理生前親口對我說的）。此院今已改為「國立孫逸仙博士紀念醫院」矣。先生留此一年，即回鄉與盧氏結婚，依族中派輩得一新名曰「德明」。

此時，香港之雅麗氏醫院開幕，且有正式醫科，由英人康德利醫學博士所主持。先生乃赴港轉入此院學醫，直至期滿畢業，為該院第一期畢業生。其學醫之名則用「逸仙」之號，故迄今外國人仍以Dr. Sun Yat Sin稱之。在香港時，先生已施用其宗教自由權，向一西牧師處受洗禮為基督教徒，而其名則用「日新」二字，因與逸仙同音也。同受洗禮者，有其同鄉至交陸皓東先生（中桂）。畢業之後，先生初赴澳門行醫，以見阻於葡人，乃轉往廣州懸壺濟世焉。

大約是在學醫期間，先生初懷革命思想，蓋其目睹英、美政治之昌明，反射滿清政府之黑暗，同時又深覺國家之孱弱與人民之痛苦，故即本救世救民之心而謀革命運動也。在此時間，已得有同志陳少白、陸皓東等人進行革命運動，倡設興中會。

一八九六年，孫先生於第一次革命失敗後，再到檀香山，在僑胞中提倡革命，召集其舊友多人組織興中會。首先加入者，有僑商何寬、李昌、鍾宇、唐洪、謝萬寬、陳南、周德明及先兄等共約二十人。余是時亦叨附驥末，但年齡為全體之最幼者。此為首次在國外的革命盟友，計今仍生存者僅有鍾、謝、唐及余等寥寥幾人耳。組織成立後，眾人即努力進行，首由同志捐金謀再起義，共得美金約六千元。

在此時期，孫先生家人離粵到檀，其逸事亦頗足述。自先生領導革命失敗之後，聲勢日大，清吏捕索甚急，而其家人則仍居住鄉間，甚為危險。時，達成公早已去世，其母則尚健存，盧氏夫人居家奉姑養子（公子科已出世數年）。是年僑居檀島之陸燦君適回粵結婚，見此險狀，乃自告奮勇擔任搬取先生及眉公家眷之事。於是老夫人、眉公夫人、盧氏夫人及公子科全家隨其遷往澳門，復至香港得陳少白兄之接濟而乘輪赴檀。抵岸後，全體先在舍下暫住，旋遷往茂宜島眉公處，始得安居焉。陸君與先生同村，為陸皓東烈士之侄，為人俠義可靠，吾人常以此事比之「趙子龍單騎救阿斗」也。

是年（一八九六），先生復由檀島渡洋而至美國，在僑胞中鼓吹革命，後再由紐約而至英倫，於此被中國公使誘困於中國使館，幸得其師康德利博士仗義救援乃免於難。此事人所共知，無庸贅述。但恢復自由之後，先生經濟頓陷困境，即函求其兄眉公之援助。眉公深明大義，熱心革命，即把牧場所畜之牛馬牲口陸續賤價出賣，匯款接濟，先生乃得再事活動。計眉公前後為革命盡力，幾至傾家，其後家道中落，不能復振，真是為中華民國之重大犧牲，後死者不能不為之表彰也。

直至一九〇四年，先生再回檀香山，居於我家。時，我方在一賣槍械之鐵鋪任職，先生常至鋪中參觀各種軍械，並與我細心研究在中國革命何者為適用，蓋是時又另有舉事之計畫也。此時，有一特別可紀之事，詳述於左。

一日，僑商黃桂（字香谷，後為副領事）在家請客，同席者除主人外，有簡吉堂、孫眉公、先兄、中山先生及我五人。席間，眉公指同席諸人對先生云：近年因革命事，家產幾盡，經濟支絀，幸得座上各位慷慨幫助，仗義疏財，至所感激，當認為兄弟之親云云。其中以吉堂兄獨力接濟眉公者為尤力。中山先生續云：「得各位如此俠義為懷，真是萬分感激，即與各位訂為兄弟，永結骨肉同胞之親。」乃即席起立鄭重向眾人敬酒一杯。眾人歡笑和議，因各序年齡，以黃居長，簡次之，眉公第三，先兄居四，先生是五哥，而我則小弟弟也。今日，五位長兄均棄我而逝，後死者回憶三十年前事，恍如幻夢，能不唏噓歎息乎？是日，適為家母六十一歲壽辰，兄弟六人同離黃宅而到隔鄰舍下稱觴祝壽。此後，友誼更進一步，親愛更深一層了。

先生即於是年赴美洲。此次旅檀，曾到茂宜島探視兄嫂及家人。回大埠（漢內魯魯）時輒宿於舍下，即於此辦公，終日埋頭埋腦於桌上，不知其寫什麼東西。他日日使用的書桌和椅子，我們一向鄭重保存，前年已運回中國交南京中山文化教育館收存陳列，以留史蹟矣。

先生日間勤力辦公，至夜間肚饑時，輒到街外小食店吃宵夜。他所最愛的乃是每碗一角的「魚生牛百葉粥」，每晚必盡一碗。宵夜之時，輒對人講革命真諦。有不明大義、出言辱罵者，即為之諄諄講解，受其感化者不少焉（前鄭先生曾三次應總理電召回國襄助革命事業，事蹟多見於他書，茲不贅）。

（原刊《逸經》第四期）

追懷總理述略

王寵惠

孫總理平生行誼及其偉績，昭昭在人耳目久矣，何待於述？苟其述焉，雖千萬言不能盡，更何輕於述？雖然，泰岱之高、江河之深，世莫不知之，而隱隱山脈，涓涓水源，則或山野鄙夫，能道其一二。寵惠不敏，爰本斯旨，為追懷之言。謹就追隨所得，述其細聞軼事，或為世所欲知者，略次如左，非敢附於親厚之列也。其他大事，不具書。

民國紀元前二十五年（清光緒十三年，公曆一八八七年），寵惠從先君子居於香港荷理活道七十五號之道濟會堂，其鄰則雅麗氏醫院。總理年方二十有二，習醫學於是間，課餘輒偕學侶陳夔石君（字少白）與先君子相過從，神志英爽，吐詞奮發，先君子輒歎賞之。寵惠以童年不知世事，第見其口講指畫，言論豐采，迥異於人而已。是為寵惠平生瞻識之始，時甫六齡。

後數年，總理畢業於雅麗氏醫院，居澳門徙入廣州，因清政不綱，憂憤往往見於詞色，革命主旨，實基於此。乃周行海內外，私密結社，鼓吹革命。一日家仲兄方行婚禮於廣州，總理詣賀，酒次未終，忽有官校入屋索人，方眄愕間，始知總理已先時失所在矣，是為總理與清廷奮鬥之始。

於時寵惠留學香港，年尚幼稚，不知有所謂革命也者，但聞人言孫某作反，至於反狀何若，未從知之，他人知之，亦無敢言者。地方長吏既大索不得，則遷怒青廬，將執以為罪，已而得無事，亦不知先君子以何法得脫也。後數日，稍稍聞雙門底聖教書樓，有查緝軍械之事。聖教書樓者，家仲兄姻親所設者也，故謂與孫某作反案有連，事祕年湮，今語焉弗詳矣。

當甲午之役，寵惠於港報中知有中東戰敗之事，指地圖課本以日本地小，我國地大，乃為所敗，深用怪詫，由是政治思想逐漸萌芽，又略聞總理時有排滿革命之說，因而疾視滿清之念以生。已而北行肄業於天津北洋大學堂，後二年，歲在戊戌，國中有維新革命兩派，互與朝局相持。惟維新派則力主變法，革命派則提倡共和。寵惠耳目所接，以變法文字為多，惟於兩派之間趨重於革命派，由是服膺於當日脫險吾家之大革命家矣。

既畢業於北洋大學堂，歸港省親，於《中國日報》館聞革命黨中有史堅如其人者，方圖起事，由陳少白君介紹，約與一見，談次甚歡。覺其雅秀溢於言表，後數日即聞其有廣州之難，甚惋惜之。遂東遊，遇總理於橫濱，時尢列君與總理同居於前田橋一百二十一番地，一見握手，道前日事，悲喜交集。時當庚子之後，國益不振，相與縱談革命事業，沛然若江河之莫能禦。

無何，寵惠留學東京，與同志數人設立《國民報》，鼓吹民族主義，抨擊清政甚烈。與其役者，則沈翔雲（字虬齋）、戢翼翬（字元丞）、馮自由、秦鼎彝（字力山）諸君也。寵惠等五人既奔走橐筆於《國民報》之中，總理則獨力助以資斧，革命思潮，始稍稍灌輸於留學界中。於時寵惠雖於課餘兼理報事於東京，而每星期六輒如橫濱，詣總理取進止焉。乃《國民報》出版僅至第四期，以款絀而中止。

尋由東京轉學美洲耶魯大學，其後總理來美抵紐約，寵惠奉電招赴紐約，為深遠之談。時總理困苦殊甚，出一礦質黃色藥物名龍涎香，重約數磅，謂得自檀香山，價可值美金三千，令出而貨之，卒不得值而歸。窮益甚，朝夕芻米幾不給，遂同寄居於鄉人許芹牧師宅中。

總理雖異邦窮困，而豪氣不少挫。因商同起草對外宣言，題曰「中國問題之真解決」，即總理第一次對外宣言也。大旨在申明清廷不足以有為，國人有革命之必要，外人勿助以為虐（譯文載東京日文《革命評論》及香港《中國日報》中）。宣言雖已脫稿，而乏資付印。寵惠乃持一介紹書，詣美人威廉士，謂孫逸仙博士今抵是間，君願見否，並出宣言書示之。威廉士見此文，與表同意，因招吾兩人會餐而讚美之，並出資付印，俾風行焉。時中外人士知吾輩之主張革命，多有避而不見者。

其後總理兩至巴黎，適寵惠留學柏林，嘗詣巴黎謁見，則以兩事相屬：其一則為革命籌款，其二則為介紹留學生入會也。籌款一事，曾一度與法國某銀行家商發債票，而購者寥寥，留學生中類多苦學，更無餘資足以購票；介紹入會一事，對之良用矜慎，非深知其人，不敢輕為汲引，雖有所介紹，然為數不多也。寵惠又謂會中之有留學生，誠不可少，但文字鼓吹之力量至為宏大，非有深於中西學術而雄於文者，不足以張大吾軍。總理謂此言良是，今民報館中主筆政者，即吾同志中之雄於文者也，始知總理之識深慮遠如此。

武昌起義，寵惠事前抵北京，聞革命事起，亟歸滬，滬軍都督陳其美（字英士）君聘為顧問，相與籌畫進行方法。未幾總理亦抵滬，南京既光復，各省代表會議乃公舉為臨時大總統。寵惠以代表之一，與湯君爾和受代表會之囑託，同賫證書迎於滬中，赴南京組織臨時政府。

無何，和議告成，總理提議辭職，推薦袁世凱為臨時大總統，選舉之日，命所部赴明孝陵，謂將行祭告禮。寵惠不知用意所在，從容請曰：「今日為參議院議決推選之期，大總統或須出席，請以他日祭告如何。」則云：「我正因此命全師而出也，今日之事，聞軍中有持異議者，恐於選舉之頃，有所表示，其意不願我辭職，又不滿於袁世凱也。且此案如不通過，人必疑我嗾使軍隊維持個人地位，故特舉行祭告，移師城外，使勿預選事也。」其建威銷萌如此。

民國二年，總理將實行建設事業，因有鐵路政策之主張，遂組織鐵路總公司於上海，聘寵惠為顧問。旋奉命與英國波令有限公司代表佛蘭殊侯爵草訂關於廣州至重慶與蘭州支線之鐵路合同，僅一周而成立，外人詫為罕見；又無祕密回扣種種要求，徵之訂立合同往事，未有如此次之簡捷者也。事後外國當事人嘗樂道之，然北京政府始終未予批准。

民國十一年，總理見厄於陳逆炯明，於是慨然哀民生之多艱，思得較有實力而又可與共事者與謀統一之局。時北方大勢在汴洛間，寵惠始則經南北同志之慫恿，繼得總理之同意，遂與汴洛為祕密之謀，兼藉此而阻北方援陳之舉也。維時熱心是役而奔走其間者，實為孫丹林君。孫君吾黨同志，而為洛方所最信任之人，事駸駸成矣，卒見嫉於北方之其他勢力，事洩不行。寵惠與同謀諸人，亦幾因此陷於大獄。同志中與其事者，今尚大有人在，即當時往返密電，其大部分尚存書篋中，思之使人惘然。

明年寵惠將出席海牙國際法庭，道出香港，廖仲愷君銜命來召。乃至廣州，與總理討論時局，得與聞兵工政策及統一救國計劃，談論竟日，不厭綦詳，誠以分裂之勢已伏，非精誠統一無以挽救也。旋總理督師離省，而寵惠亦須趕船赴歐，不圖此次面承謦欬，而後遂成永訣，是為寵惠與總理最後之別離。

歲月不居，奉安期近，碧雲涕淚，注海傾河，鐘阜英靈，龍蟠虎踞。回念四十年前致力國民革命之始，而今則初步成功矣。回念十八年前建立民國始基之日，而今則奠都南京矣。昔時總理率全師而祭告明孝陵者，今茲國人全體而恭謁中山陵矣。

寵惠不敏，以為數十年之艱難締造，以有今日者，固由於總理積累之厚，而功烈流布，足以闢千古未有之局。則其特徵，蓋有三焉：其一則百折不回也，其二則大公無我也，其三則至誠感人也，其學說不離乎此，其行事益復可見。回憶寵惠自識總理，至於其歿，垂三十年，當革命進行之始，事機危難之秋，均獲追隨親受指導，其後雖或離或合，而秉乎總理之教，行乎總理心之所安，則精神所寄，蓋始終如在其左右云。爰述親所聞見，著於篇端，不敢忘。

是篇脫稿於十八年五月，中央委員以總理奉安期近，各紓追懷，附於哀思錄之後，以志不忘。並限於篇幅，務求簡略。嗣以各委文稿，多未依時彙齊，顧此失彼，遂均未登載。茲者簡又文同志以寵惠隨總理有年，見聞所及，或有外間所未知者，為《逸經》半月刊索文。適檢篋中得此一篇，雖語焉未詳，均躬親之所歷，而總理革命精神之偉大，民國締造之艱難，亦足以略見一斑矣。民國二十六年一月王寵惠謹識於申江困學齋。

（原刊《逸經》第二十五期）

近代第一流廉吏王鐵珊先生

馮玉祥

公曆一八六五年，河北省定縣南支合村一家貧寒的書香人家誕生了一個孩子。這孩子後來在艱難困苦中教養長大，成了一個崢嶸奇偉的人物，在當時污濁腐敗的官吏界放射出奇異光彩。現在，這位了不得的人物已經死去數年了，但是他一生的為人、行事，還依舊像個巨大的星斗，像把燃燒的烈火，照耀在他的朋友們的眼前，炙熱在他的朋友們的心裡，永遠不會消淡下去。這人姓王名瑚，字禹功，別號鐵珊。

他的先世原是山西洪洞縣人氏，明朝永樂年間才遷移到河北省來，祖上都是耕讀立家。曾祖名家相，清國子監學生；祖父慎履，都是讀書人。父晉升公，是個正直耿介的秀才，生子四人：老大名瑋，老二名璨，老四名璇，鐵珊是老三。

他的家庭，自從家相公就十分清寒，不曾有一點產業，到他父親，家境更壞。鐵珊就在這樣一個艱難貧苦的環境、這樣樸厚的家庭教育之下長大的。

鐵珊幼年時候，父親便得了癱瘓病，一家人陷入非常困苦的境地。那時恰好他的前母舅周家沒有孩子，就把他承繼過去寄養，藉以減輕家裡的擔負。可是周舅性情古怪，待他很是暴虐，常常被打得體無完膚。這事傳到他祖母盧氏耳裡，心疼得說不出。家裡商量了一回，沒奈何，只好把他領回來，大家哭泣一場。

鐵珊十三四歲以後，受了鄉中前輩范東坪的幫助督教，學業一天一天的進步，到十八歲這年，便去應童生考試，未被取錄。此後便脫離了周舅家裡，在陳家左村邀得一個蒙館，教了幾個小學生。東家供給伙食，每年修金只制錢十八吊，人家就給他取個綽號，喊他「十八吊」。那時保定府有個蓮池書院，他除了教書之外，還常常到那裡去做月課，每次去，人家都騎馬坐車，他卻一身穿著襤褸不堪的短衣，兩條腿走了去。有些輕薄的同學，把這些也都當做取笑的資料。但鐵珊不在乎這些，只管用心作課。每次發表出來，他的名字老在前幾名，得了獎賞，就高高興興拿回家裡。這時家裡已得寬裕了不少，吃飯的桌上不時也可以有一盌葷菜了。

二十一歲，鐵珊考取了秀才，也就在這年，他娶了親。他從小生得魁梧粗黑，許多年輕的姑娘們沒見過這樣的黑秀才。當他娶親進城的時候，大家都指手畫腳的拿他取笑，一個姑娘說：「這個姑爺怎麼黑得這樣！」另一個姑娘說：「真是怪樣子的，哪裡像個秀才！」三言兩語，把鐵珊說得怪不好意思。新娘子娶到家裡，拜個家堂祖廟，開了四桌酒席，只用了兩斤肉。一場婚禮，開支一切共花去二千三百文制錢。

結婚過後，鐵珊還是教他的蒙館，還是按月到保定去應蓮池月課，並且到北京去應鄉試。那時還沒有鐵路，往來五百多里，都是帶很少的盤纏和一個包袱步行。有一次出闈後，從京里回家，離家還有一天路程，腰裡只剩下八文制錢。他於是忍了一天飢餓，走回家裡。這是難怪的：他有風燭殘年的祖父祖母，有臥床難起的父親，新近又娶了親，也是一個不小的擔負，他的收入能有多少？不是這樣的刻苦，這一家人怎麼生活呢？

過了兩年——光緒十四年，鐵珊鄉試大捷，高中戊子科舉人，正當他二十三歲。這次得領鄉薦，一家人的喜歡自不用說，其中最高興的，還有他的恩師范東坪先生。

三年以後——光緒十七年，這是鐵珊不幸的一年，他的祖父、祖母、父親都先後逝世，連遭三次大故，心裡的傷痛，自不用細說。

從此以後，他的心完全沉溺在學問文章之類事裡去。最發生興味的是經書和小學，尤其《說文》一書，簡直時刻不離手，五百四十部首都能一一背誦，默寫，又進而作比較綜合的研究。那時他的東翁王姓家裡正編刊《畿輔叢書》，延聘了許多名人學士。鐵珊課餘之暇，和他們談學論文，耳目為之一新，大家在一起有說有笑。鐵珊行為雖端方嚴正，但同時也詼諧有趣，有時高了興，謔語、詼嘲、魔術、技藝，他都來得。他有一個「仙人摘豆」的戲法，極其精妙，是最常玩的。那時有個顯宦李中丞鑒堂名秉衡，歷任封疆，剛廉正明，這時住在定縣。鐵珊慕其為人，帶著洋洋萬言的文章去拜訪他。李十分驚喜，從此常請他去切磋談論，引為知己。在這時，他還是按月去應考保定蓮池書院的月課。同時有個同學范桂蓴，也同他一樣往返步行，時同學之間有句諺語說：「堅苦卓絕是好漢，徒步來考有王、范。」這時蓮池書院的主講是武昌張廉卿、桐城吳摯甫兩先生，都是當代古文大家，鐵珊最受知於他倆。吳摯甫常說：「鐵珊堅苦卓絕，必為名臣。」並介紹顏習齋、李恕谷的著作給他。鐵珊讀了顏、李之書，佩服得五體投地，引為先賢中之知己。他們所主張的「忍嗜欲，苦筋力，勤家養親，而以餘力習六藝講世務，以備天下國家之用」一套學說，使鐵珊確立了一生立身處世的哲學基礎，從此他的思想學問又更進一境。清苑王錫三先生，經濟文章夙為鐵珊敬佩，此時亦由吳摯甫介紹相識。鐵珊常去請教，錫三教以處世要說：「說話讓人，吃飯讓人，做事千萬不可讓人。」最使鐵珊服膺。這都是他壯年時代的師友，影響他的思想很大。

在定州教了幾年館，倏忽已到三十歲。這年光緒二十年，京中大比，鐵珊孝服恰滿，前去應試。中甲午科進士，殿試三甲，等到朝考完畢，因為小楷有法度，列一等，欽點翰林院庶吉士。京報到支合村的時候，他的夫人蘇氏正從田裡撿柴回來，家裡一個錢沒有，連報子也打發不了。沒法想，只好把罐裡的米量了幾升，算做賞錢。蘇夫人一時喜歡，連夜趕做了幾雙青布鞋子，托人帶往北京，給丈夫道賀。帶鞋子的人走過保定，拿到蓮池書院裡給人看，同學們無不嘻笑。

第二年考放，因無人推挽，只放他個四川慶符縣知縣。慶符僻處邊塞，地多不毛，是個苦缺。人家都替他惋惜，朋友們向他說：「李鑒堂現在做山東巡撫，是你知己，為什麼不去找他？」鐵珊卻不願倚勢求進，帶了一個僕人，高高興興的到四川去接任。

到了成都，按例要叩謁上司報到。那時衙門的惡習，凡是來謁見的人，都要孝敬門房一個門包，否則，不肯通報上去。門包由二兩到數十兩不等，各依品級而定。鐵珊不知道這個規矩，等了半天，毫無消息，後來旁邊人才給他說破。鐵珊說：「我不懂這個，今天沒有帶來，下次再補交罷。」門房是知府的妻舅，氣焰很大，聽了這話，把鐵珊一頓大罵，奪了他的手版扔到地上說：「不懂這個，你做什麼知縣！」鐵珊氣得了不得，撈起衣裳，握起拳頭，便打那門房，鬧得上司知道，才傳見了他。不掏門包，得見長官，在當時實是個創舉。

第二天動身赴任。慶符縣和雲南接壤，離成都很遠，前清時候這一條路荒僻之極。鐵珊帶著一個僕人，一個小小的擔子——一頭行李，一頭書籍，主僕二人互換著挑負歇肩，把衙門裡的一切陋規，完全革除。常常下鄉察問民間疾苦，黜奸惡，勤聽斷，遇有爭執，當場判決，百姓從此既不受差役的敲詐，又沒有纏訟不決的苦累。當地紳士贈他的詩道：「使君廉介勝劉寵，不向民間選一錢。」日子長久了，附近歸慶符管轄的村莊的士人，也都把訟事等鐵珊下鄉時面控，個個都喊他「王青天」。遇到縣中各市鎮集市的日子，便趁機會親自去講演，勸人要實行孝悌忠信禮義廉恥。

他在慶符縣共歷五年，把這個邊塞小縣整飭得弊絕風清，到了庚子年間，方調署灌縣。當他離開慶符的時候，百姓成千累百的攀著轎子歡送他，有些山野中人民，都給他在家裡立起長生祿位，弄一塊石頭牌，上面刻上「王青天大老爺」的名字。日子一久，漸漸把他當做神靈看待，甚至求子禱福，無所不至，慶符的後任知縣曾親眼看見這些笑話。

新調的灌縣，在成都西北一百二十里，是個很富的縣份。以往的縣令，每年至少可賺十多萬，藩司所以調他這個肥缺，原是因為他過去太清廉幹苦，特意讓他「調劑調劑」的。鐵珊知道了這個意思，笑道：「做官都是為的錢嗎？要曉得還有不要錢的！」到了灌縣任所，格外埋頭苦幹。自己寫下一個座右銘：「萬分廉潔，只是小善；半點貪污，便為大惡。」把它貼在臥室裡，警惕自己。這裡的人民性情強悍，有個小刀會，欺惑良民，為非作歹，鐵珊把它解散，教他們各務正業。這時清廷信用了義和拳，各地教民趁機動作，風聲所播，灌縣境內也發生了民教相仇的糾紛。鐵珊善言勸諭，方始解決。不想這事上面藩司很不滿意，把他調了綿竹縣。那時八國聯軍已經佔據了北京，朝廷裡逃躲一空，鐵珊流淚歎道：「國家要亡了，只顧自己偷生苟安怎麼行！」執意不肯就綿竹之任。恰好奉到命令，給皇帝運送軍械到西安，於是立刻北上，把事辦妥，就到天津一心要投筆從戎。

他的大哥王瑋，正在總兵梅東益部下充當哨官，由他大哥介紹，得以認識梅總兵。梅總兵素聞鐵珊的名聲，當即留他在智字營襄贊戎幕。他極力主張剿滅義和團，整飭武備，抵禦外侮。匹馬短衣，每天往來滄州馬廠之間，把文官的架子完全丟開。一天，他在路上遇見一輛車，裡面坐著一位客人，看去很像他的老朋友張化成（即張繼之父），可是又不敢肯定。鐵珊大聲問那馬夫道：「滄州有個張化臣先生，你知道他現在那裡？」車裡的客人聽見問自己的名字，探出頭來問詢，才知道這個匹馬短衣的軍卒，就是他的故人王鐵珊，喜得跳下車來，歎道：「你在四川做名令，現在怎麼弄得這樣！」言下驚訝不置。鐵珊道：「國家方亂，不是我們安安逸逸做文官的時候了！」

第二年，拳匪肅清，袁世凱總督北洋，派了鐵珊到日本考察農務，五個月以後回國，奉命在保定辦農務學堂。鐵珊在農務學堂不久，岑春煊新任四川總督，早聞鐵珊的賢名，連打電報約他回四川供職，鐵珊不得已，重到四川，被委為營務外總辦。那時四川有拳匪餘黨紅燈教倡亂，嘯聚數千愚民，攻奪附近城池，成都吃緊。鐵珊帶了兵去剿討，拿住匪魁，解散餘黨，很快的就把事情平定下來，又奉岑命創辦警察。鐵珊招募了些壯丁，嚴立課程，加緊訓練，成績極好。此外又經手開辦一個貧兒工廠，收集了幾千貧民子弟，教他們學習手藝，後來在青陽宮把出品陳列展覽，無不同聲稱讚。

甲辰年，岑春煊調任兩廣總督，奏請帶鐵珊同去，任為廣西柳州知府。當時柳州兵變，岑叫鐵珊到河南、安徽招募新兵，回到廣西日夜加緊操練，赤腳草鞋，每天在營裡和士卒共嘗甘苦。這支兵共二千人，取名武匡軍，協助春煊剿寇，經了五個月時光，把叛兵鎮壓平靖。柳州風俗不好，煙、賭兩項尤為盛行，鐵珊每天帶著衙卒各處嚴查，惡風因此革除。不久，柳州那起鎮壓下來的叛兵降而復變，勢力驟增至四五倍。岑命他帶兵去剿，鐵珊的武匡軍不過二千多人，又全是新軍，敵方則有萬人，雖是死戰，終至敗退，鐵珊因此革職。

鐵珊落職後，廣西即告平定，岑春煊也卸任回京。因念鐵珊這次因公受屈，心中替他不平，於是盡了些力，重新保薦他，放了廣東欽廉兵備道。粵、桂接壤的地方，有一座十萬大山，叢林古木，山勢險峻，盜匪出沒，乘著變亂之餘，連陷幾個防城。鐵珊措手不及，時兩廣總督正是他從前得罪過的，便記著仇隙報復，抓住這機會彈劾他，說他「坐視防城不救」，於是鐵珊第二次為了軍事落職。

鐵珊回籍不久，河南巡撫林紹年又請他去，委為二十九軍協統。這次他到河南，特意派人到家裡把他的前母舅周某接來。他每天早上起來，穿著軍服，督著士兵操練，又開辦隨營學堂，訓練人才。在紀律方面，尤其時時以身作則。當他剛就任的時候，因為不懂號聲，一天夜裡正在辦公，忽然聽見吹軍號，他問勤務兵這是吹的什麼號？回答說是熄燈號，他立刻把燈吹滅。勤務說：「雖然是熄燈號，但是不熄也可以的。」鐵珊說道：「軍隊裡的號令，大家都應當切實遵守。統領都不遵守，叫哪個遵守去！」

過了一年，林紹年卸了河南巡撫之職，鐵珊也辭退回家。宣統元年，錫良總督東三省，請他總辦巡警局。接事以後，剔除舊弊，整理街道，又開辦貧民工廠，大大的整頓了一番。第二年，補授吉林伊蘭兵備道。這地方僻處邊陲，草萊滿目，地廣人稀，鐵珊親自帶領士兵在密峰山一帶墾荒，招徠各地遊民居住，供給他們犁耙牛馬，分給他們田畝。從關內移去的人民，一時增至幾十萬。除了這大批新的移民而外，還有當地的鬍匪，也有許多化善為良，變做老實農民的。因為鐵珊還兼任巡緝統領之職，他覺得鬍匪馬賊絕不是一味硬剿所可辦得了的，於是各處招集他們，待之以禮，曉之以義；又常常半夜裡出去巡遊，遇到盜匪，便和他們演說一番，勸他們領地務農。那些匪盜都受了感動，賣去刀槍，買牛領田。有些不肯務農的，也多到別地去，不再在吉林境內擾亂了。

鐵珊在伊蘭道署歷任三年。章太炎先生等有一次到東三省視察行政，到了伊蘭，看見鐵珊種種措施，歎道：「國內官吏若是都像王道台一樣的廉潔認真，那中國簡直用不著革命了！」

辛亥年，革命爆發，鐵珊辭去職務。剛剛交了卸，鬍匪就作亂起來，擄去密山知府，又把他兒子殺掉。鐵珊和後任伊蘭道說道：「這事恐怕您不容易辦，我應當幫您一下忙。」後任道台很過意不去，說道：「您已經卸了責任，我怎麼可以拖累您？」鐵珊道：「我雖然卸了職，可是現在還在這地方。我這是為國家人民出力，分所應當的。」於是帶了隊伍開赴前敵。鬍匪聽見鐵珊帶兵來剿，有的不戰而逃，有的繳械投降，說是「早知道您來，我們也不幹這一手了」。於是救出知府，匪亂敉平。東三省的百姓無不稱頌其德，論者都說：鐵珊前此兩次被人彈劾的冤恥，這次是一下洗刷乾淨了。

鐵珊卸職，回到故鄉，依舊過著清貧的日子，每日讀書寫字，和村中朋友親故談談家常。

有青年子弟來看他的，一開口就是勸他們讀書。到了民國二年，馮國璋做直隸都督，特意邀他相助，鐵珊道：「我的才能小的很，我願意降級做個知縣。」馮國璋覺得很奇怪，一個做過幾次監司大員的人，怎麼自卑如此！——原來鐵珊家居時候，保定雄縣士紳探知他在家無事，一連幾次來要求他，歡迎他做雄縣知縣，這番盛意，鐵珊覺得很可感；而且為自己桑梓做事，也正是他最樂意的，至於職位的高下，並不是他計較的事。馮國璋查知這段情由，立刻答應了他。接事之前，照例謁見各機關長官，拜見警察廳長楊以德的時候，楊見名片，很不高興地和他說道：「定州有個翰林王瑚，是大家都敬佩的，你也是定州人，難道不知道嗎？為什麼取了個和他一樣的名字？」鐵珊慢慢答道：「定州只有一個王瑚，並沒有第二個。」楊改了臉色，很驚詫地站起來，說：「難道你是鐵哥嗎？」答道：「是的，草字就是鐵珊。」楊萬萬料不到這個衣服襤褸的鄉下土老就是王鐵珊，更料不到他現忽然又降級去做知縣，一時驚異得話也說不出來，半晌，才說道：「這樣未免太屈尊了！」鐵珊道：「不過想替地方上做點事，官的大小，是沒有關係的。」

到雄縣接事後，每日忙碌著修堤治盜，興辦學堂。遇有疑案發生，就化裝做一個遊學的先生，暗中到出事地點私訪，把真實情形探查明白，才回來審理判斷。每個案子的解決既極公道，又極敏捷，百姓們個個嘆服。

第二年，袁世凱送來任命狀，放他做湖南巡按使。鐵珊入見，袁問他這次入湘，打算帶多少兵同去。鐵珊道：「地方官帶兵接任，不免驚擾百姓，所以我不打算帶兵去。」談了一回，袁氏言談主張，鐵珊都很不以為然，心知此去一定不能照自己的意思自由做事，一再婉言堅辭，不肯去就任。接著又放了他肅政使的職務，這卻是鐵珊願意幹的，他在官場中混了這多年，最使他痛心的就是政治的腐敗，官吏的貪污，他是時時刻刻想盡個人力量改革這些的。當清朝末年的時候，他就做過一件彈劾貪污的事，使得人人稱快。那時徐世昌總督東三省，辦理軍墾，選派軍隊裡年老的士兵，每人給他三個月糧餉，打發到黑龍江去開墾，地房農具都由官廳供給。經手辦理這事的是倪嗣沖，在購買農具的款項中，他侵吞了一萬多元。清廷聽到這事，指命鐵珊查辦。其實賄賂侵吞，是官場中的常事，奉命辦這種事的，也都是賣賣情面，得點好處，馬虎了事。鐵珊卻廉直自持，打著鐵面無私的精神，認真徹查，把吞款舞弊的情形，和盤托出來，嚴加彈劾，於是倪嗣沖的劣跡完全暴露。鐵珊作肅政使後，貪官污吏一個個醜形畢露，其中以查辦「交通系」一事最使人稱快。那時梁士詒做交通總長，所有京漢、京奉、京綏、津浦和滬寧五路職員，多半是梁氏黨羽，稱為「交通系」。五路收入甚豐，都被「交通系」侵吞中飽，於是就發生了五路參案的事。鐵珊負責查辦，把黑幕全部揭穿。又有山東泰安縣知事馮汝驥，貪鄙無恥，鐵珊查明彈劾，汝驥褫職，百姓為馮鑄了一個鐵像，手捧元寶，跪在包公祠前面，作個遺臭萬年的紀念。

袁世凱圖謀稱帝，一般利祿熏心的官員都頌揚慫恿，鐵珊卻獨排眾議，力說帝制不可重見的道理。後來袁世凱塌台，黎元洪做了大總統，張勳又鬧起復辟的把戲，鐵珊這時在總統府做一個諮議官，至此即辭去職務。到民國六年，河北大水災，氾濫數省，為百年來所未有，百姓饑寒交迫，慘不可言，政府特派鐵珊去放賑。他親自到災區查看，按口發糧。隨後徐世昌繼任總統，又特派鐵珊為陝甘禁煙專使。陝甘自來是種煙名區，每年所產毒品，數目驚人，但都是地方官吏強迫人民幹的。鐵珊到了那裡，一路上對百姓曉諭，把官吏強迫種煙、勒收苛稅的情形一一呈報政府，並將張廣建等一批提倡種煙的官員糾劾去職。這事把地方當局嚇得惶恐萬狀，又不敢對鐵珊行使賄賂手段，後來花去二十多萬直接到北京運動，才把鐵珊的案壓了下來。

民國九年八月，直皖戰爭平息，鐵珊就任京兆尹。他在京兆任內，每天出入，有時步行，有時臨時雇一輛人力車，布衣布鞋，服裝樸素。國務總理錢能訓請他去談話，錢的門房以為他是冒充，罵他，攆他出去，因為他的衣履過於儉樸。鐵珊在任數月，很有成績，其中尤以修治永定河和處置通州事變二事最為人所樂道。

不久，政府任命他做江蘇省長。命令發表之後，蘇省地方官吏隨時探聽他南下日期，預備盛大歡迎。等了幾天，聽說省長於某日已抵浦口。至時，地方官吏都到車站迎候，卻只有幾個隨員下車，並沒有王省長的影子。歡迎的人問隨員，隨員說：「省長比我們早幾天動身，算起日子來，應當早到了，現在還沒有到，我們也不知道他到哪裡去了。」原來鐵珊搭的是京漢車，到了漢口再乘江輪到寧。輪船到了下關，上岸的時候人擠，一個扒手拉開他的腰帶，掏他的荷包，荷包裡卻一無所有，不得已就把腰帶拿走。鐵珊發覺了，心裡氣苦，坐了一輛人力車進城。到了省署門口，看門的人又是不許他進去。鐵珊說明他就是省長，正在吵鬧的時候，有個科長出來，看見真的是省長到了，連忙歡迎他進去。各級官員都跑來謁見，警察廳長會見的時候說：「省長從水路來，我們不知道，實在有失迎迓。」鐵珊道：「迎迓的事是不必的。但是車船碼頭扒手太多，旅客們吃虧不少，這事你倒要注意。」因把腰帶失竊的事說了一遍。廳長羞得臉紅耳赤，急令探緝，才把那條舊腰帶找了回來。

鐵珊到任，第一件事就是提倡節儉，努力導淮。民國十一年長江大水，他每天到江邊巡看水勢，又賣字助賑。

鐵珊在江蘇任內，還有兩件事，很值得寫出來：一次他替一位蘇紳寫了一塊碑文。做子弟的想表示謝意，因不敢送錢，於是定造了一套西餐用具，上面鐫了「鐵珊先生用」字樣送給他，讓他不好拒絕。但他以為不收固然不行，收了也不可以，乃將這些用具作為公署裡的用品，交給公家，所以到現在江蘇省政府裡還留著這一套西餐用具。另有一次，他的夫人因為有事回家，一時沒有盤纏用費，就叫帳房在鐵珊的辦公費裡支了四百元。鐵珊向來的規矩，是只拿他本分的薪俸，那筆所謂應得的辦公費，自己決不取用分文。這次蘇夫人因一時匆促，挪用了這錢，沒來得及告訴他，後來查出來了，大怒，連連打電報追還此款，且要用法律處辦她。

這件事，人家以為鐵珊處置得太過分。其實鐵珊這點真淳的固執，有誰能夠了解呢？

過了一年，政府調任他為山東省長，辭而未就，兩袖清風，回家閒居。到民國十二年，他已五十九歲了。

作者此時正任陸軍檢閱使，駐兵南苑。先在光緒二十八年，我曾和鐵珊見面一次（那時他從日本考察農務回來，路過定州，我在淮軍元字營任右哨教習，駐豐備倉，同營一位王教習為我們介紹相識），以後戎馬倥傯，直無機緣把晤，只能從人家口裡聽取一點關於他的政聲賢名，遙致欽敬仰慕之意而已。此時聽說他棄官家居，心裡非常欣喜，立即寫了信，托鹿瑞伯到定州敦請。承他另眼相看，惠然肯來，從此每天在一起，教我講解《易經》、《左傳》以及《說文》等古籍。我是個自幼失學的人，如今得到這位良師，心裡的高興絕非筆墨所可形容。在他蒼白的頭髮鬍子、土布的衣著，以及那熱誠淳樸的態度上，我認識了人間一個最崇高、最嚴肅的真與善與美的具體模型！

我們這次在一起，快有一年光景，簡直時刻不離左右。最使我佩服的是他雖在官場中過了一輩子生活，他卻沒有半點官僚習氣。

他有幾個特殊的嗜好，一是歡喜吃豆腐，他常常蹲在地上吃，津津有味。他常說：「人活在世上，能有一碗豆腐吃就再快樂沒有了！」我和他說：「從前清朝湯文正潛庵先生官至督撫，每天吃飯的菜只有一盤豆腐，所以人家都稱他『豆腐湯』。您老人家和他真可算是知己同好了。」二是歡喜吃麵條，有麵條的日子，他就飽吃一頓，只要一碟鹹菜就行，他說這麵條的滋味比山珍海味好。三是歡喜吃「紅燒」。所謂「紅燒」，不是紅燒肉，卻是北京街頭所賣的烤白薯。有時他在集鎮上閒步，看見賣「紅燒」的就要買它幾大枚，吃飽了為止。此外他還喜歡睡熱炕，因為他晚年患臂痛的病，他所以辭官退居，正是為了這緣故。他家居的時候，特意築了一個火炕，睡在上面，據說可以醫治這病，因此養成這個習慣。他那火炕上，放著一張小桌子，上面擺著書籍文具，終日在上面讀書作字，差不多一年沒有下來過。到我這裡以後，他的這個習好也還保存著。他本來喜吸煙捲，他吸的據說是一種價錢最賤的雞牌煙，每天要吸五十多枝，吸的時候，往往把一枝截做兩段，做兩次吸，時刻不離。到我這裡來了以後，因為我們軍隊裡禁吸煙捲，他說：「我不能因為個人的嗜好，破壞團體的禁例。」笑著對人說：「我從此『雞』不入口了！」他又有睡覺不脫衣服的習慣，終年一雙烏青布的鞋子，穿到塗滿泥濘灰土看不見烏青布面子還不更換，因此大家編了四句諺語，說他：「衣不離體，書不放手，烏不見面，雞不入口。」他平時做人固極嚴正，但也常常喜歡說笑話，談故事，他最常談的是一個名伶的故事：這人姓高，天津人。民國八年，這人搭乘日本人經營的南滿火車，從營口到長春去。車上有一個初次出門的鄉下女人，帶了一個小孩子。在路上，孩子便溺，給一個日本人看見，大怒，走過去拉了女人的頭在玻璃窗上一陣磨擦。姓高的伶人在旁看著，心裡氣憤得了不得，便拿了手巾代她去揩拭。那日本人就遷怒到他身上，罵他多事，高伶憤不可遏，抓了那日本人從窗上抛了出去；接著又來了兩個日本人，也被他打了一頓，抛出窗外，其餘許多日本人都鼓噪吶喊起來。等到火車到了長春，出來幾個商人從中調解，送到中國官廳審理。開審的那天，旁聽者人山人海，結果判處他十二年徒刑。旁聽的人都不約而同地贈送他衣食金錢，不到一天功夫，東西堆積了幾間屋子，由監獄裡特別替他保存著。高伶對大家說道：「我受中國官廳的處分，死也甘心，何況我沒有死呢！」這件事，鐵珊最歡喜談它；對於這個伶人，他最為贊佩。

民國十三年，我調任西北邊防職務，那時段祺瑞執政，任鐵珊為包寧鐵路督辦。第二年，我辭職後，又到俄國，這中間我們有很長的一個時期沒有見面。以後我從庫倫回來，在五原誓師，直到民國十七年北伐成功，他都和我在一起，為我們奔走贊畫，吃了千辛萬苦。當五原誓師的時候，環境艱苦，軍費尤窘迫，鐵珊把包寧鐵路辦公費項下剩餘的萬餘元悉數拿來給我，輔助北伐。我知道鐵珊的家庭境況，深恐他家裡老幼衣食無著，派人送了兩千元給他夫人。他夫人回信說：「承遺使以鉅款相贈，盛意至感。但寒舍一家，皆能以兩手之力得食，決不致凍餒。今大軍北伐，需用浩繁，即請以贈款作軍費可也。嗣後革命成功，則所依賴者正多。」云云，把送去的錢原封送了回來。

從這裡，我們的軍隊轉戰陝西、甘肅，鐵珊也是隨軍同行，和我一步不離。每天早晨，軍隊都有一次朝會，從不間斷。他問我這是哪裡來的規矩？我說，我們的槍彈不足，我只有用這個來補充士兵的力量。他極贊成我的辦法，每次朝會的時候，他都站在旁邊聽著。散會之後，他就把我講的話加以批評，處處留心，從不放鬆一句。這一路上生活最為艱苦，什麼也沒有，這時他豆腐也不容易吃到了，熱炕也沒有睡的了，吃的是一頓熱的、一頓涼的，睡的也是一天熱的、一天冷的。一位白髮蒼蒼的老人，過這樣的生活，卻一點都不在乎，真是銅筋鐵骨！我們每晚都是抵足而眠，有時半夜醒過來，他就和我說話，談個故事給我聽，安慰我，鼓勵我，無所不用其極。有時談到軍事問題，他總要叫我給他一桿槍，派他到前線去做先鋒。他說這樣一定可以鼓勵士兵的勇氣，他死了，也是瞑目含笑的。不久由寧夏直到河南，和蔣介石先生會師徐州。這年鐵珊和蔣先生會晤，蔣先生對他甚是尊重，彼此恨相見之晚。鐵珊歎息道：「我們中國久苦兵革，如今全國統一，得睹太平，我是什麼心願都滿足了。」

這時鐵珊任豫陝甘考試委員長之職，兼任設計委員。他平時對於人才最為留心。他覺得沒有人才，事情做不好，國家也就無法強盛。他任考試委員長後，對於人才的遴選，一秉至公，盡力拔取真才，有人向他夤緣說項，都遭拒絕，因此得罪了不少的人。

北伐成功之後，政府任命他為賑務委員會委員、黃河水利委員會副委員長。這年西北大旱，三年中沒下過一滴雨，百姓都在飢餓線上作最後掙扎。我們一些友朋聯合起來，大聲疾呼，向國內、國外捐募賑款。鐵珊親到災區視察放賑。到了山西運城，省政府派了汽車接他，他不肯坐，說：「我來查災，非親自到各縣各鄉看察不可，若是坐汽車，那只能到交通便利的地方走走，我怎麼對得起那些災民！」於是坐了一輛人力車，冒著酷暑，二十多天只在偏僻農村中奔走。回來將各地災情實況報告中央，非常詳細。這和那些借了查災的名義，到處流連風景，賑款不發一文，招待費已花去幾萬的先生們比起來，真該叫他們愧死了！

以後，我們一同從河南到陝西。記得十九年之役，鐵珊正患糖尿症，住在開封醫院裡。一天，他站在院子裡，那時正有幾架戰鬥機在上空盤旋。旁邊人瞧著他站在那裡，萬分危險，請他回房裡去。他不肯，後來人家拉了他走開，剛進門，一顆炸彈恰恰落在他站的地方，轟然如雷，玻璃窗也震得粉碎，他卻面不改色，神情自若。他的勇敢不怕死的精神往往如此。不久我到了山西，他也跟著我一起在山西住下。

民國十八年夏天，我住在山西晉祠，那時鐵珊因事留在開封，等到知道了我的下落，立刻起程來找我。下了火車，他雇了一輛人力車，在路上遇著大雨，車子壞了，他就捋上褲筒，脫去鞋襪，提起兩腿步行。路是極難走的，到了住所，一身衣服被雨淋得如落水雞一般。又有一次，他從太原到晉祠來，相距四十多里，路上隔一條河，水深及胯，湍流甚急，又沒有橋樑，過河的都是雇人馱著涉水過去。鐵珊身體又重又大，恐怕馱不動，雇了一輛人力車，四個人推著挽著過去。不想走到河中間，車子翻了，他跟著跌入水裡，再起再仆，險遭滅頂。後來別人來攙扶了他，才走上岸去。我聽見這事，趕忙跑去看他，他卻談笑自若，連眉頭也不曾皺一下。這時他是六十五六歲的人了。

二十一年春，他回北平，受輔仁大學之聘，為國文系教授。這時的生活，算是他幾年來比較安靜一點的。除了教書之外，他找朋友談談，照應照應在平讀書的舊日師友的子女。這時他的恩師范東坪先生家已經敗落，范先生的孫子在北大讀書，很是窘迫。鐵珊把每月四十元的薪水分出二十五元供給他，並且常常去探看他。又有個雄縣商人馬象環君，是他從前認識的一位舊人，這時商業失敗，年紀已老，病倒在北平。他每天到公寓裡看他，替他看護煎藥，後來馬君死了，又到雄縣去安慰他家庭，代為營葬。

這時他已近古稀之年，糖尿症直未見好，精神一天天衰退下去。二十二年夏天，我在張家口通電抗日，他在病床上得到消息，奮然而起，跑到張垣來。臨走的時候，許多人到西直門車站勸他回去，他一定不肯。到了張垣，他和我說：「你和我都是為救國而活的，我不甘心死在兒女手中，所以趕到你這裡來。你出兵，也給我一柄槍，把我派在前線。你告訴弟兄說：這個白髮蒼蒼的老人就是王瑚，他是特意到這裡來和你們一同拚命殺敵的！」那種激昂悲壯之氣，任何人見了，都為振作起來的。唉，他已忘記了他的年紀，心目中只有救國殺敵的一個念頭了。

我留他住下，設法安慰他，給他醫病，飲食起居都在一處。數月之後，他的病漸癒。那時我們處境甚惡，一天，和李憲堂、梁建章諸位一處坐談，鐵珊也在座。憲堂和我說：「現在日本人侵佔了熱河，離這裡很近，朝發夕至。你一則無守土之責，二則手中又無兵權，如今勉強撐在這裡，未免太危險了。南京正請你去，你怎麼不去？就是不到南京去，上海、山西都是可以住的，為什麼一定要在這裡冒這樣的兇險！」當我聽了這話，很不以為然，我說：「你說這種話，都是少讀書的緣故。你要多讀點歷史，自然不說這種話的。我如今頭髮已白，衣服食用，無不取諸同胞老百姓身上。為了老百姓，為了國家，我顧慮什麼個人的安全？這不是我們偷生苟安的時候了！抗日是我們永遠堅定了的主張，我活一天，就要抗一天日。至於環境危迫，兵少彈缺，都是沒有關係的。有三千人，我有三千人的抗法；有三個人，我有三個人的抗法。你們都不幹，我就和鐵老兩個人幹，一命拚一命。打死一個日本人，夠了本；打死兩個，就賺了利，我怕什麼！古人說：『君子愛人以德，小人愛人以姑息。』如今你是愛我以德呢，還是姑息我呢？」我一時氣急，說話未免沒有修辭，使得憲堂臉紅耳赤，抹不開臉。鐵珊在旁邊解釋說：「你們兩個人的意思都對，他是你多年的部下，如今你不愛惜你自己，他當然要這樣勸你；你是個抗日長官，你自然應當這樣主張，這樣說話。所以你也對，憲堂也對！」這樣一說，僵的空氣才打開，每至排難解紛，鐵珊往往有此機智。

不久他的病癒而復發。軍營中不是養病的地方，醫院的設備過於簡單，病卻一天一天沉重。我不得已，派了人帶著醫藥費，護送他回北平醫治。不想到北平的第七天，這個熱血赤心的老人即棄了他的在危難中的祖國，棄了他的家庭、朋友，永遠長逝而去！享年六十九歲

——這是民國二十二年四月二十五日。

鐵珊歿後，留下的產業只有住宅一所、旱田三十畝、舊書十多箱，如此而已。他有兩位令郎，兩位姑娘：用驥保定軍官學校畢業，用驊北平大學畢業，用騂嫁保定燕樹棠先生，用騤嫁束鹿李燮綸先生。

這個巨大的星斗，這把燃燒的烈火，離開世上如今三四年了！但是他的光和熱，永遠深深保留在我們心裡。為了紀念他的不死的精神，除在定縣建立了一個鐵珊圖書館，編印了一本《鐵珊軼事》，又請他的知友梁建章先生作了一個碑記之外，我現在再把他的生平個性，更系統、更詳盡的敘述出來，讓社會上知道中國的官場中有這樣一個人物！

曾經聽到人家批評：「鐵珊是個中國的唐吉訶德。」這個批評是沒有關係的。吉訶德先生的救世精神，吉訶德先生的熱誠與固執，我覺得只有鐵珊的偉大的人格可以比擬得上。但是鐵珊決沒有吉訶德先生的那個「愚妄」，決沒有離開了現實的人生與社會而生活。鐵珊的偉大不死的精神便是在這一點！

（原刊《逸經》第五、六期）

王鐵珊先生軼事補錄

馮玉祥

前已把〈近代第一流廉吏王鐵珊先生〉一生的大事和立德立功的人格系統地寫出來，在《逸經》發表。現在又陸續想起王先生早年還有些很有趣味和意義的軼事若干則，分條補錄於此，俾崇拜王先生之為人者，再得親炙他和認識他生平的機會。

幼年的挫折　鐵珊幼年時候，父親已得了癱瘓病，辭職回家，祖父、祖母年紀已老，兩個哥哥都沒有成人，這一家人陷入苦境。恰值他的前母舅周家沒有孩子，他就承繼過去寄養，藉以減輕家裡的擔負。可是周舅性情古怪，待他很是暴虐，偶然有一點過失，就把他打得體無完膚。他有時受不住這種虐待，偷偷逃回家裡。但家裡連吃的也成問題，住兩天，只得擦擦眼淚，又重新到周家去。一天，周舅叫他到田裡去看麥子。他看了一回，和村裡幾個孩子玩起來，湊巧給周舅看見，抓回去用趕牲口的皮鞭一頓痛打，打得遍身流血，還是不肯甘休。鄰家人看不過，出來勸說一番，才住了打。家裡只好把他領回去。回到家裡以後，日子是更難了，父親的病沒有一點起色，終年躺在床上，一動也不能動；母親沒日沒夜的操作，吃不飽一頓飯，一家人都餓得肌黃骨瘦。他每天只有侍候父親，出外去撿撿柴，得閒就讀書。這樣混了幾年，周舅又把他接了過去，這時他已經十三四歲了。

苦學　重到周家，虐待雖然比以前好些，但仍然是免不了的。他忍聲吞氣的過著日子：白天照應牲口，看看瓜，檢檢柴火，晚上則到地裡巡邏守夜。在他工作的時候，一本書是時刻不離的。有時人家譏笑他說：「你父親讀書，已經窮得沒飯吃了，你還讀書做什麼？」他回答道：「我家祖上都是讀書的，這是我家的祖業，我不能讓它到我們手裡斷絕。家裡越是貧苦，我越要用功念書。」人家聽了他的話，都笑他是個書癡，他依舊偷閒攻讀。他早前在叔父跟前讀書，記性悟力都很不好，每天只上三四行書，也背不出。這時候卻變得十分聰明，記性也好了，理解力也大了，所讀的書都能爛熟的背誦，透徹地懂得。有時做篇課文，也斐然成章，普通二十多歲的人也趕他不上。晉升公有時看見他的課藝，十分誇獎，他就喜歡得了不得，格外起勁地用心起來。但讀書這事，他的周舅是萬分不贊同的，他吃了他家的飯，他要叫他像個奴隸似的操作；鐵珊的意思，卻寧願受點虐待，不許他讀書則萬萬不可。如此一來，他感到不可忍受的痛苦。一天，又下了決心，偷偷逃走，打算誓死不再上周家的門。可是到了家裡，看見父親病在床上，家裡人個個面現菜色，他又沒了主意了。他不忍得給父親加上一個累贅，他不忍得在家裡分吃他們的糧食，於是又溜了出去，在郊野裡走來走去，沒法可想。這天晚上，他跑到鄰近一個村裡看戲，想藉此排除心裡的苦痛，忘去肚裡的飢餓。散了戲之後，在野外樹林裡宿了一夜，拔了些蘿蔔充饑。這樣鬼混了幾天，心下自忖：這樣下去，怎麼辦呢？正在沒法的時候，恰好有個親戚看見他，就拉他到家裡去吃飯，他還客氣著，說已經吃過了。親戚看看他面有饑色，不肯信，一定拉了他去，拿飯給他吃，並且問他為什麼一個人在外面鬼混？鐵珊心裡感激他，把苦楚都源源本本說出來，並且托他替自己找個蒙館，自己也好用功。親戚笑道：「你這樣的一個少年，哪個肯聘請你？你的想頭，簡直是做夢罷了。現在你應當還是回周家去，刻苦自勵，將來總有成就的。要不然，像這樣在外面流浪著，算個什麼事？世界上的人，沒有不吃苦成得功的！」鐵珊受了這頓教訓，立刻省悟過來。「不吃苦，成不得功！」他牢牢記住這句話，重新回到周家。

得遇名師　有一天他在田裡看瓜，一邊拿著一本書，聚精會神地朗誦著。鄰村有一個范東坪先生走來，看見這少年刻苦用功的情形，十分驚異。這位范先生是鄉中一位有德行的讀書人，家裡很富有。查明了鐵珊的境遇，心下非常感動，就叫他到自己學塾裡讀書，不但不要他束修，反而供給他書籍文具。並且常常給他米和麵，叫他拿回家去養親；給他錢，叫他替父親請醫買藥。鐵珊感激得眼淚也流下來。這時看瓜撿柴的事，還是要做的。范先生就招呼家裡長工幫助他，代替他，有時鐵珊出外撿柴，范先生即叫長工替他聚積幾堆，讓他來拾；有時派了車，裝幾簍給他送去。有一天，有個賣文具的來到學塾裡，范先生買了四枝筆，兩枝上等的，兩枝次等的，他把上等的給了鐵珊，下等的卻給了他的兒子。鐵珊不敢接受，范先生說：「你家老老小小，都靠著你一個人奉養，我把好筆給你，讓你加力用功，好養你的家呀。」鐵珊到了老年，常常把這些事說給人家聽，談到動情的時候，聲淚俱下。後來范先生的孫子在北京大學肄業，鐵珊不時去探望他，資助他，藉以報答范先生的恩德。

落第為農　十八歲這年，鐵珊應童生考試，結果沒有取錄，回到家裡懊喪得不得了。到了四五月間，正是鄉村裡農忙的時候，農夫們滿田滿野的忙碌著，有地的人家各處雇用耘草的人手。於是他和他的二哥商量，托人介紹了去幫工，藉以得點工資補助家用，結果他們都如願以償。工作了幾天之後，他二哥已是一把種地的好手，不管是插苗，是耘草，都十分在行。可是鐵珊卻差得遠，沒有一件是他可以做得好的。他心裡很苦悶，左思右想，不知是何奧妙？問二哥，二哥也說不出什麼道理，於是二哥把這種話談給大哥聽。大哥說道：「我想這是很容易明白的。你兩人的性情根本不同，不記得你們從前讀書的情形嗎？從前你兩人都在叔叔跟前上學，那是我天天親眼看見的事。你比老三只大兩歲，你所念的書好像沒有不懂的，考問的時候也沒有答不出的。老三卻不然，有一個字沒有懂，就愁眉苦臉；一篇還沒講完，他已經辯問了無數次，這時再往下講解，他卻自去想他的疑難，下面的沒法聽得入耳了。——想到他從前這種一字不放鬆的脾氣，就知道他現在不會耘草插苗。因為插苗，棵數要疏，手法要隨便，要輕巧；耘草呢，要眼快手捷。你讀書不求甚解，這正是你現在成功的原因。如今老三拿他讀書的方法去插苗耘草，草已拔去了，還不放心，還要仔仔細細的去刨他的根；苗已插好了，又還要慢慢的按按土。這樣地左來右來，手裡忙得不停，腳下沒曾移得一步，結果一畝地沒有做好一半，泥土已經給他踏成鐵板了。這樣地尋飯吃，我知道是不會成功的。」二哥覺得這話很對，立刻告訴鐵珊，鐵珊愁苦了一整天，不知道做什麼才好。大哥看見他那種徬徨苦惱的樣子，和他說道：「我是個粗人，不懂得讀書的道理。但父親是常常誇獎你的，你現在為什麼不專心讀你的書呢？——我看你還是下勁讀書的合適。三心四意，是不好的！」鐵珊聽了這話，恍然大悟，於是重新專心致志的埋頭讀書。

簡單的婚禮　二十一歲，鐵珊中了秀才之後，就娶親。當初晉升公在武城做訓導的時候，張太夫人的主意，給他在山東武城縣和一個姓蘇的人家姑娘訂婚。因為家裡貧寒，一直沒有力量迎娶。如今鐵珊進學入泮，蘇家又來催親，這事自然不能再挨延了，於是立刻舉辦他的簡儉的婚娶儀式。他雇了一頂轎子，四名轎夫，抬前面的轎夫兼吹喇叭，後面的兼打鑼鼓，他自己跟在後面步行著。這個簡陋的小行列，吹吹打打進了武城縣，大街上看熱鬧的都覺得很好笑。

脫袍贈叔　鐵珊因為中舉之後，教館聲譽日佳，收入較豐，而家裡消耗較小，可是他的伯叔兄弟們大都還極貧窮，生活所需，多仰給於鐵珊。幾個侄兒都帶在身邊讀書，衣服食用，自然由他供給；族中本家有貧寒的，他也不時的給以救濟，因此弄得自己仍然跳不出窘困的圈子。他有個遠房族叔，向來不務正業，時常在他跟前告貸。一年除夕，鐵珊從定州散館回家，又在街上遇見這位族叔和他要錢。鐵珊說：「我現在一個錢沒有，怎麼辦？」族叔看見他身上穿著新棉袍，不信他沒錢，逼得鐵珊沒奈何，就把棉袍脫下給了他。第二天早上起來拜年，鐵珊卻穿著短衣，人家見了，都暗暗好笑。

忘八新解釋 鐵珊宰慶符縣的時候，趁著市集的日子，常趁機會親自去講演，勸人實行「孝悌忠信禮義廉恥」。八個字掛在牆上，一字一字的分別講解，聽的人往往成千累百，聚精會神地聽個一整天。鐵珊大聲說道：「忘八兩個字你們知道怎麼講嗎？這不是說老婆偷漢子的意思，把這孝悌忠信禮義廉恥八個字忘記，才是真正的忘八！」聽的人戚戚笑著，抬不起頭來。他教人孝悌，最常用的格言是「非禽非獸，當孝當弟；不孝不弟，禽獸何異」十六個字，常常寫在紙上，送給老百姓。他不但教人孝悌，而且教做父兄的講究慈愛。他說：「做父親的，都要兒子孝順他；做兄長的，都要弟弟恭敬他。卻不知道父要子孝，自己必定先要慈才行；兄要弟恭，自己必定先要愛才行。而且兒子即或不孝，父親也不可不慈；兄弟即或不恭，兄長也不可不友愛。因為父兄是子弟的家長，就應當處處做子弟們的榜樣，只知道責備子弟，卻忘了自己，那就是個笑話！」這些道理，是窮鄉僻地的老百姓沒有聽見過的，無形之中，受了深切的感化。

柳州剿匪 鐵珊在柳州知府任內，恰值兵變，總督岑春煊命他去清剿，鐵珊力說眾寡懸殊，新兵不可重用。岑氏執意要他去，鐵珊無可奈何，帶著他的武匡軍去死戰，幸而新兵力量雖單薄，然因長官能同甘同苦，二千人都一條心，打了幾仗，死傷極重，總不肯退卻，兩下相持了一個多月，最後把賊兵迫至三防地。可是這時後面糧食不濟，士兵三天沒得飯吃，又加禍不單行，當地時疫大作，士兵病倒了一半，他自己也病得不能起床，餘下的士兵，又調了一部分去接援別處防地。賊兵就趁此機會突圍而出，把武匡軍殺得大敗，鐵珊既敗，一句也不辯白，自請在軍前正法，以儆將來。岑氏知道他的委屈，生怕他尋短見，急忙打電報安慰他。等到朝廷革他職的命令下來，岑上奏摺替他解釋，並說：「力盡與退縮不同。」後來這批匪是給龍濟光消滅的。龍說：「不是王統領逼至三防地，我怎麼能這樣快把他們消滅？我的功勞一半實在是王鐵珊的！」當鐵珊在前線的時候，他的防地和一個郭統領的毗連著。那郭統領小心眼兒，有功攘為己有，有過都推在鐵珊身上，鐵珊也不去計較。所以人家都稱讚他，說他雖然馱了敗績的名聲，但實際上比得了功勞的光榮多了。

浴室懲頑　鐵珊在江蘇省長任內，有一天他微行出署，偶到一家浴室去洗澡，脫衣的時候一個不留神，將榻几上的茶碗碰落地上，打得粉碎。茶房見鐵珊像個鄉下人，又是北方口音，於是大肆咆哮，鐵珊道：「打碎你的茶碗，我自然要賠你的，你發脾氣做什麼？」因問值多少錢。茶房見他可欺，故意抬高價錢，非三四元不可。鐵珊知道不可理喻，因和他說：「我帶的錢不夠，我有個朋友在這裡，他可以借錢給我賠你，你們的電話借給我用一用好不好？」於是把警察廳長請來，把事情告訴他，請他評評理。這時澡堂裡才知道這個鄉下土老兒原來是王省長，掌櫃的嚇得過來叩頭謝罪，鐵珊說道：「你們開澡堂，是正經賣買，怎麼可以胡亂欺詐人！」教訓了一頓，又給他相當的錢作為賠償費。掌櫃的不肯要，鐵珊道：「這是你應當要的，怎麼倒不要了？」丟在桌上走了。

做墓誌不受潤 有一次有個四川巨紳的兒子，拿了八百塊錢，請他做一個墓誌。那時鐵珊賦閑，正在窘困的時候，他卻不肯做。第二天又有個朋友出來拉攏，哀求他只寫個名字，送他二百二十塊錢，他還是不幹。朋友和他說：「他這麼遠的路來找你，卑禮厚幣，不過求你替他父親做個墓誌，這是個孝子，你素來以孝教人，如今你不成全他，反倒拒絕他，是說不過去的。」鐵珊說：「這樣我就寫，可是錢萬萬不收。」於是寫好墓誌，和錢一塊兒送還。

（原刊《逸經》第十期）

蘇曼殊之真面目

馮自由

同學蘇曼殊圓寂後數年，生平友好以曼殊生前關於幼年身世諱莫如深，因之懷疑莫釋，群起為曼殊身世之探討。甚且有摭拾曼殊所撰《日僧飛錫潮音跋》及說部《斷鴻零雁記》，牽強武斷為出自倭種，柳君亞子父子所編《曼殊全傳》及年譜其最著者也。余與曼殊為總角交，且在日同硯三載，捨曼殊親屬而外，當以余所知為較詳。民十七，亞子以曼殊序拙著《三次革命軍》有「總角同窗馮懋龍」之言，爰向余詳叩曼殊幼年遺事，余舉所知告之，更代函詢曼殊姑父林君紫垣。林君向任天津中原公司經理，復書述曼殊本生父母及家庭狀況綦詳。亞子得之，始覺舊著臆斷之非，因改撰新傳，力證前失，而曼殊倭種之冤乃大白。然及今尚有人誤信謬說，而輾轉傳諸海外者，是不可以無辯也。顧余所知僅為曼殊披剃以前事實，至披剃以後，則余二人天各一方，晤對之機緣極少。民四嘗為拙著《三次革命軍》作序，乃陳君樹人代請，余時居美洲，事後始獲知之。曼殊尚有一至親姊婿楊姓名耀垣，亦橫濱大同學校同學，現供職上海蘇浙皖統稅局。世有欲知曼殊家世者，不妨就楊君請益，諒可一一奉告。茲就余所記憶者依次筆述，更舉世人對彼之疑團分別剖解，以見曼殊之真面目。

曼殊之本名　蘇曼殊幼名子穀，無字，在本家及大同學校、早稻田大學、青年會（留學界最初之革命團體）均用此名。其親屬及學友除此名外，餘無所知。「元瑛」之號，乃削髮後添製，殆與曼殊二字同，非其本名也。亞子初根據曼殊所撰《潮音跋》及說部《斷鴻零雁記》，遽定為始名宗之助，小字三郎。該說部固曼殊之一種遊戲筆墨，不足為據。若認虛構為實錄，則施耐菴可稱宋江，曹雪芹可名寶玉，無是理也。至曼殊於披剃後自號元瑛，或謂其取義於《紅樓夢》之神瑛侍者，斯言亦有可信，蓋余嘗見曼殊居東京時，向友借閱《紅樓夢》，手不釋卷，後有此稱，其殆以擺脫塵緣之寶玉自命歟。

曼殊之父母　曼殊父名傑生，香山縣人，在橫濱山下町三十三番英茶商行任買辦，性任俠，好施與。甲午中日之戰，旅橫濱華工多擬歸國，而短於資斧，傑生輒解囊力助，人多德之。吾國僑日工商無論挈婦居日與否，大都好與日婦同居，此粵語謂之「包日本婆」，其初月給數元為報酬，久之感情日洽，形同配偶，生子後尤為密切，更無權利條件可言，亦無所謂嫁娶，特橫濱唐人街之一種習慣而已。有使其本籍妻妾與日婦同寓者，亦有以一人而同時納數日婦者，均能相安無事，絕少勃谿，遠非吾國有妻妾之家庭所企及。傑生居日既久，自難免俗，曼殊之母即從此種習慣而與傑生同居者也。母曰亞仙，傑生與其戚屬咸以此稱之。亞子謂其母姓河合，似亦語出說部，實無佐證。亞仙生曼殊後十一年而中日戰起，傑生乃攜曼殊母子返粵。逾四年，傑生家道中落，遂使母子東渡，依其親屬林氏以居，時曼殊年僅十四。某氏謂曼殊於十三歲前已披剃為僧，且通歐洲詞學及英語，均不足信。又已亥（一八九九）曼殊十六歲，在橫濱大同學校讀書時，教員陳蔭農嘗因某事語乙級學生曰：「汝等誰為相子（Ainoko）者舉手。」於是舉手者過半，曼殊亦其中之一人；日語「相子」，即華語「混血兒」或「雜種」之謂。旅日華僑咸稱華父日母之混血兒曰「相子」，曼殊固直認不諱。或者不察，妄斷曼殊為日再醮婦之油瓶兒，豈不冤哉？

曼殊之親屬　曼殊有族兄曰維翰，號墨齋，同肄業於橫濱大同學校。曼殊負笈東京，墨齋亦專攻師範，故曼殊之於同輩親屬，與墨齋為最暱。墨齋後返粵，數任教職，頗有聲於學界，民元後以病身故。又其女兄適同邑楊耀垣，楊亦大同學校學生，現在上海統稅局服務。又有姨父曰林北泉，姑父曰林紫垣，均在橫濱經商。北泉以營業失利南遊印度，現況不詳。紫垣後任上海東亞旅館經理，旋至天津創設中原公司。今日能詳道曼殊家世者，僅林、楊二人耳。

曼殊之學歷　曼殊十四歲前在何校讀書，不詳。十五歲時橫濱華僑初設大同學校，余及曼殊均於開幕之日入學。校分甲乙二級，甲級所授為中、英文二科，乙級所授為中文一科。曼殊屬乙級，與五、六、七舍弟同班。已亥余轉學東京，曼殊至庚子（一九〇〇）春始升學甲級，兼習英文，余戚李自重亦與同班。辛丑（一九〇一）以其親屬林氏之助，與學友張文渭同入東京早稻田大學高等預科。因林氏只月助十元，僅敷下宿屋膳宿兩費，乃刻苦自勵，遷於最低廉之下宿屋，所食白飯和以石灰，日本最窮苦學生始居之，曼殊竟安之若素，不以為苦。每夜為省火油費，竟不燃燈，同寓者詰之，則應曰：「余之課本，日間即已熟讀，燃燈奚為？」其勤儉有如此者。壬寅，林氏津貼忽告中斷，曼殊大窘。適清公使汪大燮有許各省優秀學生改充公費生之舉，曼殊賴橫濱僑商保送，轉學於振武學校（成城學校改名）習初級陸軍，始得免於廢學。是年冬，余因事歸國，癸卯（一九〇三）春始再東渡時軍國民教育會已告解散，曼殊告余謂已決計返粵有所活動。某氏記載謂曼殊十五歲在早稻田習政治三年，及十七歲在成城學校學陸軍八月，多與年齡事實不符。證以余說，真相自白。

曼殊之文藝　曼殊在大同學校二年，性質魯鈍，文理欠通，絕未顯其頭角。該校於文學上只間採用《昭明文選》之論文、書啟為課本，於詩賦詞章概未講授，以故出身該校鮮有以文學見稱者。曼殊轉學東京刻苦攻讀之年，正留學界翻譯東籍風起雲湧之日，苦學生稍通文理，即可譯書自給。曼殊獨以短於國學，既不能爭雄士林，復無以取給學費，其困苦可知矣。然其作畫之天才，則早已活現於大同學校時代，彼之繪術本無師授，間作小品饋其學友，下筆挺秀，見者咸為稱異。彼與舍弟同級，余得其作品於舍弟，始知其能。及後同寓東京，則從未見其執筆作畫。迨丙午（一九〇六）《民報》特刊之「天討」出世，所作陳元孝題壁及石翼王飲馬二圖，老練精工，有同名宿，令人驚歎不已，此才謂非出自天授不可也。考曼殊之用力於詩及古文辭，當在壬寅青年會成立以後。蓋曼殊初至東京之一年，所往還者不過三數同鄉學生，嗣加入青年會，漸與各省豪俊遊，於是文思大進，一日千里，迨遁跡佛門，益旁通佛典，思想玄妙，迥非吳下阿蒙之比矣。其文字始見於上海《國民日日報》，尋而詩文並茂，名滿天下，誰復知彼於大同學校時代固一混沌未鑿之小兒耶？

曼殊與革命黨　曼殊於壬寅前，尚未萌革命思想，故支那亡國紀念會之發起，余未敢約其署名。及壬寅秋，葉瀾、秦毓鎏、張繼、董鴻禕、周宏業及余等取少年義大利之義發起組織青年會，宣言以實行民族主義為宗旨，發起人多屬早稻田大學學生，余遂紹介曼殊入會，曼殊至為樂從。是為曼殊與革命團體發生關係之開始。翌年（癸卯）俄占東三省，青年會員及發起組織拒俄義勇隊，留日學界鑫起和之，卒為清使館干涉而止。時曼殊忽動歸思，向余求一介紹書至香港見陳少白，余應之。曼殊菈港，下榻《中國日報》。其父傑生早年在鄉已為曼殊聘婦，聞子歸自日本，遂至港訪之，且欲使其完娶，曼殊竟避而不見。少白以為天性涼薄，力勸其從父歸鄉，曼殊乃不告而行，莫知所往。數月後至港，則已削髮為僧，易名曼殊矣。旋至上海與諸志士遊，會《國民日日報》出版，乃在報中任撰小品文字。自是奔走蘇州、長沙、蕪湖、江寧各地，迭任教職，所往還者類多革命豪俊，江南陸軍標統趙聲其尤著者也。丙午復至東京，與章太炎及劉申叔夫婦同居。時《民報》增刊紀念號，以「天討」為名，屬曼殊題畫，曼殊因作陳元孝題壁及石翼王飲馬二圖以贈。劉申叔刊《天義報》，曼殊亦有作品。余至民元秋始重晤曼殊於上海《太平洋報》，計期不相見已九年矣。

曼殊之軼事　曼殊少年軼事甚夥，除上述外，余都忘之。據亡友林廣塵所談，曼殊與劉申叔夫婦同寓東京牛込區新小川町時，偶患精神病。有一夜忽一絲不掛，赤身闖入劉室，手指洋油燈大罵，劉夫婦咸莫名其妙。又居滬時，如遇行囊稍豐，即喜居外國飯店，謂一月不住外國飯店，即覺身體不適。此種癖好，老興中會員尤列亦有之。

《三次革命軍》題詞　民四，余在美國舊金山民口雜誌有《三次革命軍》之作，爰托陳君樹人在東京印刷。時曼殊居日本，樹人代余向之索序。曼殊特為題詞，以志舊誼，錄之如次：

馮君懋龍，余總角同窗也。少有成人之風，與鄭君貫一齊名，人稱雙璧。會戊戌政變，中原鼎沸，貫一主持清議於粵五稔，一夕擲筆長歎曰：「粵人多言而寡要，吾知其終無成也。」遂絕食而殞。君亦翩然遐征，與余不相見者十有餘載（按此語有誤，實只九載），前年於海上遇之，正君倉皇去國之日，余方顧其有邁世之志，用釋勞生。比日君自美利堅觀巴拿馬大會造遊記以歸，更有撰述，命余作序。余愀然告君曰：久病之人，終日解衣覓虱而外，豈能共君作老健語耶？君有澄清天下之志，人但謂廣東人有生為亂，而不知君故克己篤學之人。若夫傳嘏所云志大心勞，能合虛譽者，斯無望已。曼殊題。

（原刊《逸經》第二十一期）

關於蘇曼殊之點點滴滴

孫湜

我與蘇曼殊於明治三十九年在牛込區新小川町劉師培氏的寓所起始相識，那時候我和我兄弟正在念小學，我們一見了蘇氏，立刻就要好起來。

以後我們時常和蘇氏一同到淺草一帶去玩，也常一起照相，那時候蘇氏的確穿僧裝。有一天，在劉氏家裡，看見劉夫人忽然抱著曼殊，在室內繞著走。一位太太抱著穿法衣的和尚，在旁邊看著的人，誰也不覺得奇怪。從這裡可以顯出蘇曼殊的真面目來。他天生來就是天真爛漫的孩子一個，他的赤子的純真，年紀增長時也不曾消失。因為他是蘇曼殊，所以才抱他的。

他不時的畫墨水畫就在那時；翻譯拜侖的詩，經陳獨秀潤色而出版也在那時。

有繪畫天才的他，對於日本婦人的髮髻很有興味。在淺草的人群中，以婦人的髮為模特兒，用帶在身上的信紙，一面走一面畫著也在那時；幾次蓄了頰鬚又復剃去也在那個時候。他的友人裡革命黨極多，但他和陳獨秀一樣，不曾置籍於同盟會。

民國元年之春，他寄居上海南京路一家叫做第一行台的旅館，與柳亞子夫婦等打麻雀，叫妓女。訪問客中有各樣各色的人。不久，和我還有另外兩個友人同船來東京，在千駄谷租房子一塊居住。他的〈本事詩十九首〉就是那時的作品，詩裡都有異性關係的氣味顯示著，事實上毫沒有這類的事情。大家同居了半年，其中有一位怪脾氣的朋友，雖不曾至於吵架，但終於不想繼續下去，於是這合租的小住家遂解消了。後來他到千葉或青山那兒的熟人家中住下，我們仍不時的碰在一塊，那時候與前此不同的，是總愛說「沒有閱歷可不行呀」一類的話。想來大約是聽了「孩子氣」的輕蔑，的確受了刺激了。

民國七年，他患胃病，入上海法租界廣慈醫院求治。我也因為有事去到上海，聽到他病，趕緊前往探視。只見他衰弱異常，指著枕旁新做的帶銅紐扣的青棉襖，呻吟似地說道：「沒有閱歷的人穿了太時髦，有閱歷的人才穿這種衣服哪。」說著取出枕旁的自己喜歡的雪茄煙來給我。閱歷云云的口頭禪，和以前並沒有改變。有一天黃昏時候，我到宮崎滔天氏的昆山路的住宅去串門，滔天氏夫人道：「聽說蘇君氣絕後又蘇生，現在不知怎樣哩。」聽了使我大吃一驚，翌朝趕緊跑到醫院去，但他已經死了。遺骸蓋著白布，躺在床上。那時候我非常窮，向父親要了十六元作為奠儀。孫科氏的母親贈四十元，其他戴傳賢、葉楚傖等舊知也湊了錢，好容易才辦了喪事。遺骸穿著他平生不曾穿過的一般紳士所穿的藍袍馬褂，黑緞鞋，戴上高帽，照了相才納入棺中，終於不曾用他所說的「有閱歷者的衣裳」。那一天午後，或其第二天，把棺材運到廣東人停放靈柩的廣肇公所。那時候他的許多革命黨的朋友，因為走出租界有被捕的危險，所以送到廣肇公所的人，僅有滔天氏夫人和我，及一位叫做龜井的滔天氏的同鄉，此外還有一位不知名的廣東人。

他在東京的時候，常常說「到廣島省母歸來」的話，但他母親始終沒有到東京來過。

他所嗜好的東西是朱古律糖、牛奶糖和雪茄煙。不穿僧服之後盡穿西服，開始常說閱歷之有無似乎是民國以後的事情。取出金牙去當，和在船上三天不進餐僅食牛奶糖等行為，都是他的有名的軼事。成為愛吃甜的「甘黨」，為他後來奪命的原因。

我不曾見到他臨終的情形，據說他對送終的友人除了「對不住」一語外，任何遺囑的話也不曾說。

他的日本話很不行，英語則頗能夠講，廣東話大約很好，有一天同他去神田的一家廣東人的鋪子去買食物，他很想用廣東話，可是對方的廣東人怎麼也不肯用廣東話答他。他的話有些孩子氣，話的說法也有些像小孩，他天生來就是天真爛漫的孩子一個。他之所以無意識地惹人喜歡，就因為這個緣故。

他具有希世的藝術天才，為僧則沒有和尚的臭味，入俗則沒有一般常人的習氣。他的詩，他的畫，均不求巧異，而自有脫俗的妙處，尤其是墨水繪之瀟灑疏淡的美，恐怕是不易再見到的。

他的字也「書道的」，寫的很好，頗有一些女人風的特徵。寫信時，曾在便箋邊沿起，寫滿了小於螞蟻的細字。

他到底是否日本人，在他死後很成為問題。現在看來，他的風貌簡直就是日本人，尤其是他的多發性更斷然是日本人的特徵。但是，大家過從相與之間，總一次也不曾把「純中國人」的事當做問題過。（方紀生譯）

〔譯者案：本文作者孫湜氏，曾任北京大學講師，外交部祕書，現任駐日大使館書記官。原著系用日文所作，登於二月號的《文藝春秋》上。〕

本社接到方紀生先生的稿後，曾請與曼殊最有關係的友人柳亞子先生代為考據，茲承亞子先生詳加訂正，並認「此文為直接史料，甚可寶貴」。而於孫伯純先生的履歷，特別介紹，更為欣感。今錄亞子先生的原函如後，並志謝忱。

丹林附志

丹林兄：方紀生君譯文讀悉。孫湜君為故壽縣孫少侯先生之長公子，字伯純，一作伯醇，後更名易簡，民國元年由曼殊介紹入南社。他和從兄景山、胞弟仲戟、侄子天逸，都和曼殊極要好。北新本《曼殊全集》第五冊中，有曼殊和他合影三頁。開華本《曼殊全集》中，有曼殊給他的信五封。此文為直接史料，甚可寶貴。唯曼殊與劉師培夫婦同居中込區新小川町的年份，照我所知道的是一九〇七年春夏間，即明治四十年。而孫君說是明治三十九年，也許小有差誤。又曼殊寄居上海南京路第一行台，據我所記得的，是在民國元年冬季開始，似非民元之春。民元春間，好像曼殊是住在《太平洋報》社吧（還記得在我七浦路的寓中也住過，不過日子是弄不清楚了）。至於曼殊和孫君同船赴東京事，則在民元舊曆三月十四日，曼殊與葉楚傖書：「不慧接家母來電促速歸，明晨乘筑前丸東渡，孫少侯之長公子暨猶子輩六人同行，途中頗不寂寞。」正指此事。四月十一日再來上海，五月五日復赴日本，直到九月二十一日又從日本啟舷返上海。孫君所說在千駄谷租屋居住，大概是舊曆五月到九月間的事情吧。承囑考據，謹述所知如右。再會。亞子。

丹林社兄：昨信言曼殊事，忘卻一語。曼殊血統問題，現確定為中山人蘇傑生與日本下女所生，蓋父華而母日也。孫君所稱容貌及多髮像日本人，一定是混血的關係了。再會。亞子。

（原刊《逸經》第十二期）

曼殊逸事

溫一如

予昨訪楊邠齋先生，談曼殊逸史甚詳，殊雋永有味，今拉雜記之。先生謂柳亞子為曼殊出專集，考定其為東瀛產，最真實。蓋曼殊之母為日人，再醮蘇某（粵人），曼殊則所謂「油瓶兒」也。顧曼殊雖出自日而深惡日，居常非迫不得已不作日語，其習尚，其學問，一一皆從吾國。唯然，故不知者，皆信為吾國種而不加疑也。曼殊雖亦善屬詩文，要以作畫為生平絕藝，著墨不多，清逸淡遠，有倪雲林之致。從不輕易落筆，雖極貧乏，只有鬻小說而未鬻畫。據知友之推測，欲求之者，須資助其遨遊名山大川，並伴以美人，始可著手，其代價固非世之鬻畫者可比。在滬時，葉楚傖曾強其作畫，後有同貴為部長之某君見獵心喜，邀之晚餐，席間求之，推卻再四，而固嬲焉。曼殊不得已展紙而畫，初繪枯木數株，繼復畫月，某君樂不可支。不料其後竟畫巨繩一，繞月重重，令某君沮喪不置。其惜畫不可屈，且滑稽突梯有如此者。

曼殊天資絕高，而極富情感，尤復天真爛漫，不知人間有欺詐事。癸丑後寄居民報社，黨員中佯言孫總理將有派其行刺之使命。曼殊戚然憂之，謂吾將何以任此？徬徨繞室，不知所可。繼，人謂戲言耳，始為釋然。又清季曾在滬寓劉申叔（光漢）家中。申叔一學者而好作革命詩文，初觸清廷之忌，端方網羅之，因有偵探嫌疑。黨人在其隔牆鑿洞開槍狙擊，雖復未中，時曼殊在側，固不知人之行刺也。其後又使人縱火燒屋，曼殊懵懵，猶復胼手胝足，搬運事物，泰然絕不為意。十餘年後，人告之始復恍然（曼殊因文字與申叔親，遂有詆毀之者，章太炎曾為文辯之，謂曼殊可誣，則乾坤或幾乎息矣）。袁世凱歿後，嘗與同游西湖畢，曼殊以待友故須暫留杭，先生以英語問其囊中存錢幾許？答云：「溫打拉（一元）。」其窘可笑。及去時，曼殊送車，汽笛一聲，其顏色立變，真所謂黯然銷魂者也。又嘗在東京寓於居覺生家，覺生以其長於英語，曾掌教於安徽中學，因令其女公子從之學。有一次因在友人處飽啖疾困，女公子央其教讀，曼殊性至柔，不予深拒，睡眼矇矓中，但悄謂：「吾憊矣，無能教也。」其女公子堅請，不獲已強起教之，書不終篇，而淚涔涔下。蓋傷心人別有懷抱，每棖觸即發，匪一次而已。覺生察其隱，乃不復強。

曼殊倜儻不羈，孫總理亦厚視之。一次廖仲愷發黨員費用，擬吝不予，以謂曼殊嘗學陸軍，胡不與戎事而頹廢若此。嗣為總理所聞，卒令與之，又曼殊言動，不假矯揉，自然詼詭，每令人捧腹解頤，有東方、淳于之風。性嗜雪茄，初抵東京時，一日囊空，至敲落金齒，付質以買吸之。每於批歐美小說中有雪茄者，輒批云：「雪茄！又是雪茄！」若有餘羨者。嘗見先生之公子不修邊幅，和服反袵，笑其為名士派，曾不自知其名士派，固度越尋常也。偶有所蓄，便謂若炸彈在囊，必速去之始快。某次有由滬寄到稿費三百元，乃大請其客，往往請及先生，則已成尾聲矣。但偶觀其日記帳中，則又記數明晰，不遺錙銖，真謂賢者不可測也。

曼殊性雖浪漫，好作挾邪遊，但見人之眷屬，則又正襟危坐，謹願一如道學先生。有新婚夫婦邀同訪友，乃竟羞澀甚於新婦，見者皆為匿笑。又其人言行均極忠厚，但評《露漱格蘭傳》則特尖酸刻薄，有金聖歎之風，迥不類其為人。其行徑奇突，往往有如此出人意表者。

曼殊每至滬，出必御最華麗而馬雄駿之車。一日同赴酒肆就餐，問其馬車日價若干？曰：「八元」。先生謂「吾人雇車，日僅三元，君胡此昂？」則曰：「非此類也。」蓋以華貴為樂也。性好著西服，並甚講究。嘗在天蟾舞臺看戲，隔座為前清財閥某眷屬，豔裝盛服，備極豪奢，吸水煙，吹灰屑落於曼殊外衣上，乃夷然置之，任其延燒，蓋以為不宜拂美人之意也。又不知何處得一女郎郵片，乃故誇揚，作一〈碧迦女郎小傳〉，並乞友題詩張之，儼若有其事者。不知其實一空中樓閣，了無蹤影也（此稿底仍存先生處）。先生原存有其遺札二三十事，惜不知藏庋何處，迄未尋得，大抵多屬清逸之作。如其西湖來札云：「此時滿湖煙雨，正思足下也。」又一函云：「狀美人，得密髮虛鬟、亭亭玉立八字。」以為極難。所為書，雖素未臨池，但好作絕細蠅頭小字，亦頗娟秀有書卷氣。

曼殊素患胃病，其致死之因，固為失戀，亦半由於傷心過度，不重調攝，見物輒食，致成慢性自殺。常見其飽食一餐，便臥病數日，友好勸之，終不能禁，洵可惜也。先生言已，並出示曼殊小照，旁題蠅頭小字「三月二十六日欒弘造幻影以寄鄺十一惠州」，係用鋼筆所寫，姿態柔活，如毛筆書。復自以鋼筆在目上加畫一眼鏡框，並連以腳，細逾絲髮，真妙人妙筆也。

（原刊《逸經》第十二期）

楊增新

江東山

楊增新已經是被遺忘了的人，然而他坐鎮新疆十七年，使南北二千公里、東西一千五百公里、面積約三百萬平方公里，相當於德意志、法蘭西、西班牙、葡萄牙、不列顛、荷蘭、比利時、瑞典八國的總和，民族有漢、滿、蒙、回、維、哈薩克、布魯特、塔吉克等八族錯居，一切政治、經濟、文化又陷於混亂複雜幼稚的狀態下面，楊增新卻能在上任的第一年，即民國元年，憑著他的鐵腕，擺佈得妥妥貼貼，經過整整的十七年，始終和平統一。自從他不幸死於非命之後，西線就沒有一天安居樂業，俄、英、日、土等國，爭先把鋒利的巨爪伸進到臟腑裡來，同時金樹仁、馬仲英、劉文龍、盛世才等，以及不同的宗教、不同的民族，擾亂得人困馬乏，真對不起白髮蒼蒼在絕域苦撐的老將軍。我們再看看東北和外蒙的淪亡，平津、察綏的危急，應該認真回溯這位將軍的歷史。

他坐鎮新疆的十七年，歐洲掀動了空前的大戰，俄國發生了驚天的革命，我們中國，剛巧是從清朝推翻，到國民革命抬頭。在迪化公署的屋頂上，他親眼看著黃龍旗落下，五色旗升上，不久又落下，換上了簇新的青天白日旗。在這種劇變的風雨下，他只有一個主義，使新疆和平統一。

「將軍」，似乎想像到兇暴的尊容。楊將軍辦事，的確有幾分「辣」，然而他的外表始終溫文爾雅。有些行動，在當時覺得苦澀，然而過後回味，又覺得香甜滿頰。他是雲南的少年進士，光緒十五年任甘肅知縣，旋因寧夏將軍奏請，入振盛全軍營務處統率步隊，養成了軍事知識。嗣後曾充直隸知州，光緒二十六年再回甘肅，任高等學堂陸軍學堂總辦。光緒三十三年七月轉新疆阿克蘇道員，宣統三年三月調鎮迪道，更兼提法使。民國成立後，留新任布政使。元年七月，都督袁鴻祐被人暗殺，遂升任都督兼民政長。此後政制上改什麼督軍、督辦、省長、主席，他是換湯不換藥，新疆人及外人口中咬定叫做「楊將軍」。新疆幅員雖大，他只憑自己二十餘州縣的經驗去治理它。平時喜歡研究《老子》，多問好學，印有《回憶錄》三十卷。為人仰慕左宗棠，並推崇袁世凱，有人說他辦事又像那拉后。每日雞鳴而起，日落而眠，事無大小，必躬親料理，數十年如一日。一切飲食居室服用，不及平民遠甚。民國十六七年，中外合組的西北科學考察團到新疆，有一天去拜訪他，他寒暄以後，很幽默地指著衙門的牆壁說：「你們何必要到什麼沙漠中去發掘探險？我們這裡盡有你們研究的資料。你們瞧，一塊塊的牆土快掉下來了。」以視現在一般官員奉到委任令後，第一聲先大興土木，把衙門裝修起來，什麼官署、官邸，動輒十萬、百萬，建設在官府而不在人民，楊增新實在太落伍了！

迷醉的「西風」，在他老人家眼裡當然有些不相容。但是他一樣注意振興實業，改良道路，引用載重汽車，設立電力廠、機器工廠、測候所等，並且擬具繼續改良的計畫。可是對於教育事業，終究不肯迎頭幹去。據民國六年的調查，全省只有初級師範一所，學生四十名；高初級小學六十二所，學生二千六百餘名；女子初小一所，學生二十名，全年支教育費不過五萬元，被歐美考察團看了，真要笑痛肚皮。這種愚民政策，固然是鑄了大錯，但是新疆地曠人稀，民族複雜，語言文字各殊，信奉回教者占百分之六十五，俗例習漢語者禁讀回書。義學創辦以後，誤為讀書係當漢人翻譯差使，富戶往往出資雇貧民代替入學，雖出票拘傳亦無效。新疆自從左宗棠用兵以後，民族矛盾日甚一日，楊增新痛革從前壓迫回民的敝政，漢、回的情感方才一天天見好。這種廣義的教化，自有他的見地。民國以前，中央每年撥給協餉二百九十餘萬兩，民國成立以後一律取消，他銳意整頓捐稅，洗除陋規，撙節開支，民國八九年後，並收回紙幣二百三十餘兩（餘省共八百萬兩）。對於吏治方面，竭力獎勵廉能，罷劾貪婪，分派密探，偵報知事賢否，明令各縣維民，隨時得以據情郵控，且控無不辦，辦無不嚴。他接治新疆的時候，內部非常混亂，伊犁的武人勢力比他大得多，喀什噶爾冬等處的軍隊，對於迪化省政府陽奉陰違，若即若離。中央對於這些煙波浩渺的邊疆，更是鞭長莫及，聽其自生自滅。他驅直屬不過二千的兵力，用巧妙的方法，削奪武人的權力，不滿一年，造成了統一局面。

他對於民族複雜，非特不為所累，並且頗為所用。二次革命時候，他利用漢回以制漢人；民五六時，利用哈薩京以制蒙古，都很有成就。他能把當時的軍事應付過去，又能把利用的人解散，不受他們的牽掣，這些或許比袁世凱、那拉后高明。他是雲南人，但是對於鄉親，不許其增長勢焰。袁皇帝好夢正濃的時候，幾個同鄉躍躍欲試，他不動聲色，在元宵節前遍宴在職滇人，正吃得酒酣耳熱，他忽然在席間把最親信的副官夏鼎、炮兵營長李寅辦掉，血跡四濺，個個嚇得魂不附體。他老先生健飯如故，從容起言：「播弄離間者吾已殺之，餘人無罪。」結果雲南人捲著鋪蓋回歸老家，不敢再向新疆亂鑽。他不但不信任同鄉，連漢人都帶幾分顧慮，因此有人挖苦他說，非「盛德在木」的人不用。

他對於內政和外交，都走他自己的路線。北方屏幛的阿勒泰特別區，東西二千里、南北一千八百里，俄人圈住牧馬，視同殖民地。他於民國八年用迅雷不及掩耳的方法，毅然併入新疆，為阿山道。民十，白俄一度進佔，道尹周務學力戰殉節，命張鴻遠率兵恢復失地。嗣後蘇俄屢次威迫利誘，均能據理力爭，不辱使命。不是他這樣苦撐，四萬方里的地方，早就淪為異域了。日本園田一龜簡直稱他是「新疆王」。的確，當年北京的政令，本來不出都門，他也老是瞧不起，抱著「只拜廟宇，不問何神」的態度，埋頭苦幹。大概他的舊戲唱得多了一些，只掃自己門前雪，不管他人瓦上霜，然他有定見而無成見，他頭雖冷而心則熱，對於一切利害關頭，都能夠眼明手快，毫無遲疑和留戀。全省事務雖繁雜，他一一在腦溝裡刻下了深痕，毫不糊塗。荷蘭費神父嘲笑他：「哈密如果有一個臭蟲發燒，他也會知道。」可見他老先生精神的貫徹。瑞典斯文赫定博士在中國西北有四十餘年的歷史，他到過新疆四次，從地面上考察到地底下，把整個的新疆不知放在解剖床上分析了幾十次，用顯微鏡觀察了幾十回。他屢次同楊增新長談，在他所著的《長征記》裡，把楊氏抬上三十三天，他說：「楊將軍不但是中國一個省長的地位，他幾乎包括中亞細亞全部的一個國度之自主者，地球上沒有其他統治者能比他的權力更大些。」然而楊將軍的毀譽功過蓋棺而論不定。他自己曾經做了一幅對聯，掛在大堂上：

共和實草昧，差稱五伯七雄，紛爭莫問中原事；
邊庭有桃源，狃率南回北準，渾噩常為太古民。

這三十六字，是他治理新疆的結晶，是他最坦白的供狀，請給以公正的判決罷。

楊氏一生，自顧有「知人」之明，用人素不苟且。不料這位老將的性命，仍舊斷送在「用人失當」手裡。這件事情的經過非常悲慘，發生在民國十七年七月七日，可以稱做「三七事件」，或是「七七之變」。兇手主角是樊耀南。民六，黎元洪任內，以鄉誼放樊為新疆阿克蘇道尹，並有取楊增新的地位而代之之說。樊抵迪化，楊拒而不見。樊卻謙恭謹慎，朝朝請謁，如是月餘，始在省垣另委一差。牛刀小試，成績斐然，把將軍的疑忌完全改變，最闊綽時，身兼軍務廳長、交涉署長、迪化道尹三要職。有人總覺其人心術叵測，楊自己也知道是「養著一隻虎」，然而又對人說：「任憑孫行者如何善變，不能翻出我如來手掌之外。」結果這隻老虎果然馴伏在腳邊，有時想歸山，又被牽住。民國十七年七月一日，新疆換了青天白日旗，省政府行委員制，實際仍是原班人馬，個個彈冠相慶，惟有樊耀南獨出缺。容忍十年，好不性急，於是與其為人所制，不如先發制人。會七月七日，俄文法政學校（是新疆的最高學府）行畢業禮，樊密遣黨羽著學生裝，內藏手槍，準備起事。屆期，楊將軍以下全城文武官佐均應邀蒞止，禮畢設席歡宴。楊氏衛隊另行導入一室就餐，且藉口天熱，請卸去武裝。主席就座，屢催上菜，而菜遲遲不至。既而教務主任張純熙持酒瓶至，形色匆忙，眾方詫異，樊急問：「酒都預備好了麼？」張答：「預備好了。」樊傾酒舉杯，向對坐的蘇聯領事猛碰作響，霎時飛彈如穿珠而至，楊身中七槍，倒地而死。衛隊初聞槍聲，以為畢業生放鞭炮，且武裝已卸，倉卒不及應付。副官趕至，中彈立斃，杜旅長亦被難，財政廳長閻慶皆中彈佯死獲免。

樊直入省政府，急傳民政廳長金樹仁。金欲行而中止。師長蔣杜齡率兵包圍省署，樊從者只三十餘人，被殲滅。樊就擒後，被杜旅拔鬚挖眼，縛於馬後疾馳，皮肉盡脫。計自發難至被擒，不過四小時云。

次日，新疆省政府主席即由金樹仁代理。楊增新任甘肅河洲知府時，金曾充幕友，並拜楊為門生，旋任新疆民政廳長。茲復升為主席，可謂因禍得福。有人說：金本與樊通謀，七七之宴，先行退席，樊據省府，即傳金氏，不無蛛絲馬跡。金氏陰險，中途變計，卒收漁人之利。殺師賣友實不足齒，恐所傳亦非事實。又說：樊氏係受俄領煽惑，意欲奪取政權，實行共產，俄領看了聲勢不濟，遂致變卦。再者，樊敗金勝，還有北方人和南方人鬥爭的關係在裡面：新疆本為湘軍所恢復，從前軍界的勢力全操在兩湖人手中，楊增新雖然來自南國，偏不信任南人。他因幾次在甘肅任事，軍權都落在隴西人手裡。金樹仁是甘肅河洲人，與楊增新有過密切關係。樊耀南是湖南人，平時聲勢本來很單薄，一旦成功，大權將由甘肅人還給兩湖人，這是北方人所深忌的。有這一番地緣鄉情的暗鬥，當然金盛而樊亡。然而這些都是楊增新所不及料的，大概他自信有如來的手心，最後竟被幾個善變的孫行者翻轉來了！

楊增新如果有一百件短處，他有九百件長處可以抵補，而且他的短處是跟著他自己帶走了；他的長處是否能夠久留人間，全靠那些「後起之秀」去繼承他，發揚他。三百萬方公里的屏藩，慎毋為東北四省之續！追思將軍，即所以顧念西北。將軍精神不死，新疆山河無恙，幸甚！幸甚！

附注：本篇參考下列各著：斯文赫定《長征記》；徐旭生《西遊日記》；吳靄宸《新疆紀

遊》；園田一龜《新中國人物誌》；謝彬《國防與邊疆》；華企雲《新疆問題》等不及備註。凡所稱引，均有由來可考，絕不敢妄加臆斷。

（原刊《逸經》第二十六期）

清道人遇詐祕記

自在

民國初年，清道人（李瑞清）束髮道裝，在上海賣字，求書者接踵於門，一時聲譽鵲起，遠近周知，因之欽羨者固多，嫉妒者亦不鮮。海上本屬五方雜處，流氓幫匪與夫馬路政客，充斥其間。道人賣字生意既佳，遂惹起市井無賴之覬覦。民六之夏，迭接匪徒假借維良會之恐嚇信，勒索款項，最滑稽者，指定要外商銀行鈔票。道人復信，縷述家累奇重，鬻書生意不佳，及其身世實況，語極酸楚。函云：

……貧道，傷心人也。辛亥國變，求死不得，飄泊海上，鬻書偷活。寒家幾四十人，恃貧道一管以食，六年以來，困頓極矣。昨接貴會來書，業已作書報復；頃又得來書，云未取得。以萬人行路之通衢，何能禁人之不取！至云屬貧道備匯豐銀行票三百，以助貴會，此說誤矣。貧道，鬻書人也，非有多數之錢，儲之筐笥也。有一日而得數元，數日而不得一元，此種營業，非平靜市面好，然後人才思及此妝飾品，非野雞之能到處拉人也。近日銀根緊急，十餘日來，無一元之收入，自顧不暇，何能為貴會之助！俗語云：「有錢錢當，無錢命當。」且人之樂生，必有後來之希望。貧道無妻無妾，無子女，所有子女皆兄弟之子女，或寡婦孤兒而已。吾友吳劍秋云：「道士無妻妾之奉，而有室家之累。」況世風日變，奸慝僉壬，俱居高位，擁重兵，亡國之禍，已在眉睫，惟求速死，得大解脫。兩得手書，故此掬誠相告，請貴會切實調查，如有謊言，手槍、炸彈，引領甘受而無悔焉。

道人此信，自認賣字為室家之累而營業，絕不標榜清高，且以野雞相比喻，所謂「傷心人也」，實有感而發。「求死不得」一語，是指其辛亥年在南京，程雪樓（德全）欲以都督府顧問相畀，彼則以死辭之，而來滬賣字。惟「十餘日來無一元之收入」，以其當時筆墨之忙，此語似是飾辭，而非實情耳。

同時又有涵光、寂和、靜虛、養定、葆真、應廣等，假託道友設立中國道教會名義，請道人擔任發起人，並求捐助鉅款，此則誤會道人為道士，藉端敲詐。道人覆信，大放厥詞，將此輩歛錢道士，嚴加申飭，原信於慨歎世道人心中，含有不少幽默成分。函云：

……忽辱手教，公等不以瑞清為不肖，引為同道，並錫以道號，但有惶悚。瑞清，塵俗人也，非欲求金丹，慕長生，思輕舉也。辛亥國變，刀斧餘生，伏處海濱，以求苟活，寒家三十餘人，賴以為生。亡國罪臣，不入地獄，便足為幸，尚何面目談大道、樂神仙乎！其云「道人」者，不過如明之大滌子自稱石濤和尚，假道號聊以自娛耳，以名瑞清，故自號「清道人」。又來函云，公等欲立中國道教會，……欲命瑞清為發起人，則非所願也。瑞清自辛亥以來，陳死人也，不願拙名復存於世界。……又命清捐貲，義宜樂助，然瑞清雖出世，未能出家。……太史公曰「老子無為自化，清靜自正」，此道家宗旨也。故道貴自衛，無事求助於世。況當此舉世溷濁，豺狼遍地，諸會林立者，無非爭權利耳。非但瑞清不肯為，更望諸道長勿以清靜之身，而與此汶汶者浮沉也。……

兩信均為道人弟子張大千亡弟君綬所藏，蓋道人修書交管家發出時，管家另鈔副本寄去而匿其原跡，及道人逝世，以善價售與君綬者。於此則知上海稍負薄名輒遭幫匪嚇詐之虞，雖靠筆墨為生者，亦未能免；而社團所推舉之名譽職員，不過為勸募經費之「甜頭」；管家之「貍貓換太子」搬演手段，是其慣技。舉一反三，則知黑暗都市，無處不隱藏其神祕，清道人之遇詐，苟君綬不購得其原信，外間又何從而知之，神祕只是神祕而已。

（原刊《逸經》第二期）

忠孝勇俠的鄭繼成將軍

簡又文

在儒道已窮，治術無濟，而人民慘受壓迫含冤莫雪的時候，遊俠於是乎出。「俠以武犯禁」，是豈得已哉？若有禍國殃民，貪污殘暴，國人皆曰可殺之神奸巨蠹，乃能毫無制裁，逍遙法外者，是人人得而誅之，此所以鄭繼成殺死國賊張宗昌而自首，竟能得獲全國之同情，而終邀國家之特赦也。三年以前，鄭案轟動一時，國人想未忘卻，但當時報上所載容有未實未盡之處。茲本刊得鄭將軍親撰長篇自述當時事實前後經過之詳情，足留信史，足儆將來，足振國魂，足勵薄俗，固不獨足以加增讀者興味於一時而已。顧鄭將軍之生平事蹟，知者恐仍甚鮮。余前在西北軍中曾與其同患難者數年，晨夕把晤，以故認識甚深，當不能以「阿私袍澤」之嫌而遂爾緘默也。謹為文介紹，俾讀者可先明瞭其個人背景，乃讀其自撰之文，則其所紀之驚天動地之事更能栩栩然活躍紙上矣。

將軍字紹先，原籍金陵，其先為有明功臣，分封山東，由是世居歷城。父嘉瀛，生四子，紹先行三。九歲在鄉塾讀書，性沉默，寡言笑，惟戇直耿介，好勇鬥狠，俠士之風度，蓋與生俱來者。家甚貧，給養不易，以叔金聲（原名嘉璡，號振堂）未有子，紹先乃出繼焉，時年十二歲。振堂上將軍在軍中任軍官，挈紹先以俱，使隨營讀書。在清季，紹先得名隸軍籍為備補兵。年十五，入學兵營。卒業後，適辛亥革命軍起，隨隊伍出戰，以奮勇過人，死戰無畏，所向有功，惟以年幼及父子同營之嫌，例不得升階。時馮煥章氏為團長，駐北京，振堂上將軍乃保送隸其麾下。自是以後，紹先即為馮氏歷年所統率之十六混成旅、十一師、國民軍、西北軍及第二集團軍之忠實幹部。馮一向待之，教之，培植之，一若自己之子侄也。

紹先隨馮氏二十餘年，幾無役不與，其偉烈之戰績自足以表示其人格。最先隨馮旅入陝剿白狼，繼入川參與敘州之役。馮氏抵川後，先屢遣使謀與蔡松坡將軍聯合討袁，而蔡始則蔑視，繼以懷疑，迫馮一戰。開戰之前夕，紹先攜短槍二，隻身混入蔡軍陣地，作軍中所謂「摸營」之舉。蔡軍前有戰壕，壕外紮營兩處，相距不遠。紹先突然跳入壕中，槍殺數人，餘眾驚駭盡逃。紹先用計，拾死者之長槍，向蔡營兩邊分行射擊。蔡軍深夜聞槍，不辨真偽，以為敵軍暗襲，群起還槍作戰，由是自相轟殺，死傷無數。紹先乃從容回營，馮軍繼而大舉攻擊，獲全勝。蔡軍遂退出敘州，始與馮誠意合作，迫川督陳宧討袁。

袁死後，馮軍調湖北武穴，紹先以性耿直，報告團營長某某等不規則事，被迫離軍。越一年，復隨馮入湘，率軍先趨常德攻會匪，在北門外大湖泗水作戰，英勇無匹，功績至著。十年，隨軍入陝，任剿匪工作。馮氏調任陸軍檢閱使後，即隨至北京南苑入高級軍官教導團。十三年，馮實行首都革命，推倒賄選政府。時振堂上將軍任陸軍混成旅旅長，駐綏遠。事前，紹先奉命往聯絡，振堂上將軍即加入合作，移師回京，與馮共組國民軍，改編為第三師。紹先任炮兵團長，事成後以功升任京兆警備司令兼泰寧鎮守使。十四年，國民軍戰李景林於天津，紹先任左翼，後改任熱河騎兵司令，仍兼泰寧鎮守使。十五年國民軍退南口，紹先奉命留京津任祕密革命工作，以公帑不給，毀家繼之，當時逆焰甚熾，屢瀕於險。

十六年冬，張賊宗昌殺振堂上將軍於濟南，紹先輾轉入豫，後回軍中，任北路軍總參贊，參預北伐，以迄成功。二十二年，紹先任山東省政府參議，殺張宗昌於濟南，入獄七月，乃蒙特赦。最近曾任冀察綏靖公署參議，以空氣惡劣，刺激過甚，患病離平南下。每談及國難之殷與漢奸之惡，輒慷慨激昂，氣憤填膺，恨不即得機會以盡個人犧牲報國之責也。所撰〈我殺死國賊張宗昌之經過詳情〉一文，即在滬旅次休養中所寫者。

紹先寫此稿時，一段未完，種種哀痛之記憶湧起，淚涔涔下，眼昏頭痛，輒為擱筆，越日再書，經旬始脫稿。此文殆血與淚和墨所寫之奇文也。紹先血性男兒，坦率剛直，亦能寫善書，篤於親情友誼，忠於黨國人民，固真君子也，其武術深造、勇烈善戰，猶餘事耳。讀其文者常能按其事實，予以公評，且同情於予而許為國家不可多得人物，乃為之讚曰：

民族頹，國無魂。治術窮，儒道貧。坐令民賊逍遙於法外，陰霾籠罩皆妖氣。英豪俠士挺身起，中間霹靂鄭將軍。濟南站上一彈發，家仇國恨同時伸。嗚呼！將軍行事何磊落，將軍槍法疇與倫，將軍忠孝感天地，將軍勇俠驚鬼神。我昔同袍同患難，今為題像傳其人。千秋萬世永永常紀念，忠孝勇俠鄭將軍。嗚呼！忠孝勇俠歷下鄭將軍。

（原刊《逸經》第七期）

李煜堂先生

建華

廣東著名大商辛亥革命時期曾任廣東財政司長的李煜堂先生，已於本年元旦日逝世了。他不但是一個有信用有魄力能令世人敬佩的老商人，而且是熱心公益樂善不倦的大慈善家，又是富於革命和進取性四十年間始終不懈的革命同盟會會員。他的生平事業和一切經過，我因為同他有戚串的關係，所以知道頗為詳細，茲先將其事略簡單地記述如下。

李先生名文奎，字煜堂，粵之臺山縣人。兄弟七人均經商美洲致富。煜堂行列第四，年十八即隨其兄出洋，數年後積資返香港，創設金利源、永利源兩藥材行。甲午中日戰後，好瀏覽中外書報，以國勢阽危，非振興新工商業不克自存，遂熱心投資於各種新事業，先後經營廣州電力公司及河南機器磨面公司、泰生源出入口貨行等，以經驗缺乏，旋起旋蹶，而其志迄不少衰。壬寅（一九〇二）以香港水火保險業權操外人之手，國人利權外溢，每年損失不貲，遂聯合香港華商出入口貨行及藥材行百數十家，自行互相保險，榜其名曰聯益公司。舉辦經年而成效大著，同業洋商嫉之，屢圖破壞，而無如之何。旋復創設康年人壽保險公司，為吾國人自辦人壽保險之濫觴，成績亦大可觀。由是先後組織聯泰、羊城、聯保三保險公司，分店遍設國內各口岸及南洋群島，時人咸以「保險大王」稱之。乙巳（一九〇五）美國宣佈禁止華工人口苛例，粵人馮夏威自殺於上海美領事署前以儆國人，舉國大憤，咸揭抵制美貨相號召。先生乃聯絡廣州、香港工、商、學、報各界成立拒約會，以為後援，港上美商患之，爰托律師何啟出面和解，即世稱十二條款者是也。先是，先生於庚子（一九〇〇）嘗遣其子自重留學日本，自重緣是結交革命黨諸志士，共籌光復大計。乙巳八月，東京同盟會本部成立，自重與其妹婿馮自由同受孫中山先生委任，歸國推廣黨務，設置分部於香港、廣州、澳門各地，先生率乃弟文啟慨然加盟。丙午（一九〇六），革命黨惟一機關之《中國日報》為清吏及保皇黨人傾陷，勢瀕歇業，先生徇陳少白、馮自由請，斥資承購該報，而使馮自由主其事。自丙午以迄辛亥，此革命樞紐之賴以維持不墮，實以先生之力為多。及庚戌（一九一〇）正月，廣州新軍反正失敗，《中國日報》受當地政府嚴密臨視，先生乃改以其數十年老店金利源藥材行為交通機關。辛亥三月二十九日黃花岡一役，以迄民元南京政府建立，所有海外黨部匯輸款項概由該店收解，間有同志假該店貯藏危險物品，店夥震駭，先生泰然處之。辛亥廣州光復，先生被推任財政司長，民軍所在嘩噪，先生在港一夕而籌餉八十餘萬，饑卒乃就撫聽命，庫儲亦以次就理。在職六月，潔身而退。自茲以後，乃專心從事開發實業，所經營者除各保險公司外，尚有廣東銀行、新新百貨公司、漢口穗豐紡織公司、哈爾濱置業公司等，更以餘力用之於教育、交通、公益諸事業，如廣州嶺南大學、執信學校、公醫學校、青年會學校、綱紀慎學校、寧佛鐵路、內河輪船公司、廣肇醫院等，輒普加資助提挈，樂觀其成。而對於國事仍一日不能去懷，民五討袁之役、民六護法之役、民九討莫之役、民十及民十二北伐之役，均嘗聯絡港商，籌集餉糈，為孫中山先生之助。民二十年「九一八」禍起，先生應徵為國難會議會員，屢與尢列等向當局電陳救國禦侮方略。民二十一年「一・二八」淞滬之役，復向港商募集鉅款，接濟義軍，先後匯滬者百數十萬元，因日夕奔走，積勞成疾，數瀕於危。民二十四年秋間，廣東銀行以世界不景氣，百業凋敝，因而周轉不靈，馴致歇業。先生百計匡救，力圖規複，各債權人咸為感動，復業之議遂定，而先生竟以是憂瘁成疾，卒致不起。彌留時猶縈懷國事，殷殷問日軍進佔至何地，並囑告當局勿忘東北四省，時為民國二十五年一月一日，享年八十有六。

以上不過敘述先生生平事略，而於先生的德性、品行及種種過人的特長，尚未道其十一。今更根據事實，就其一生對於個人社會國家之德性分別述之。

一曰**和平謙讓**。先生處世之宗旨，以和平及謙讓為第一義，其訓迪子侄，不外夫此，而實行之方法，則在夫「肯吃虧」三字。嘗對後輩曰：「凡有大小爭端，如肯互相讓步，無不可和平解決，對於小權利，若能常常讓人，則一旦有大權利在所必爭者，我如堅持力爭，對方因平時得我給予種種便利及好處，在情面上及良心上自不能不表示相當之讓步，此即我所以制勝之道也」云云。以故鄉人或社團遇有糾紛事件，輒邀請先生出面調解，凡經先生斡旋者，罔不爭訟立息，言歸於好，故有「和事老」之稱。臺山人多迷信風水，往往因尺土片壤，涉訟數十年，經先生一言而相讓息事者，指不勝屈。民黨先進陳君少白於民元解職廣東外交司長後，在香港改營商業，先生薦其任粵航輪船公司經理。陳君一日語先生曰：「吾精通中英二國文字，學問辯才均遠勝公，何以每遇商店或社團有事時，人多不納吾言，而獨惟公言是聽，公果有何術而致之乎？」先生對曰：「學問愈高深，則利害之見愈分明，而對於凡百事件皆不肯吃虧。君之才能，我所敬佩，但事事不肯吃虧，人遂不能得君如何好處，又何能聽君之言？我因學問百不如人，只有事事謙讓，以獲人望，而補不足，若君亦如我之好讓，而無利害之見存焉，世間尚有我輩啖飯地乎？」聞者咸奉為至言。先生之到處受人敬禮，殆以此故。

二曰好新進取。先生最迷信維新事業，尤喜結納維新黨人。庚子以前，粵中新工商業寥寥可數，聞廖君鳳書（廖仲愷之兄）言廣州電力公司大有可為，遂投資其間，自任總辦，而以鳳書為司理。以乏於經驗，不及一年，即賤售於英商禡昌洋行。此外投資者，如河南磨麵公司、泰生源出入口貨行等，亦次第歇業，所失不貲。至壬寅發起聯益保險公司，繼復組織康年人壽保險公司，創吾國保險事業之新生面，而成效始漸顯著。在聯益公司成立之前，華商營保險業者已有數家，然以經費浩繁，收支不能相抵。先生鑒於往轍，語人曰：「吾國人對於保險事業，既缺乏此種學識及經驗，決難與外商競爭，只有節省經費一法足以勝之。彼外商皆租用大洋樓為事務所，雇用職員之薪金，動輒月支千數百元，耗費極巨。我如只設一小寫字間，職員概支微薪，年終有利始優給獎金，雖較外商獲利稍薄，然每年所需事業費僅及外商十之一二，此種比較節減之經費，即為我之贏餘，可以操券而得。」友人咸服其言。先生自此陸續經營保險公司多家，即本此旨。又先生對於鄉村迷信陋俗，恒排斥不遺餘力，在未崇奉基督教之先，已不許家人拜祀偶像。壬寅，其家人營建一新屋子台城龍舟里，台俗新居落成禮典，已嫁女兒不許入門參加，鄉人堅持舊習，先生斥為野蠻，力打破之。因使其子自重再留學日本，其崇新黜舊，於此可見一斑。

三曰愛國不懈。先生少具愛國思想，尤熱心革命排滿，乙巳年領導粵、港工、商、報、學各界組織對美拒約會，為國人抵制外貨之先聲。丙午，香港《中國日報》被保皇黨葉恩、康同璧等控告，涉訟經年，時《中國日報》隸屬於文裕堂書店，文裕堂以營業不佳，勢淪破產，《中國日報》受連帶關係，以致訟費不繼，有為敵黨掠奪之虞。先生不忍此革命喉舌為之中斷，慨然斥資向文裕堂承購該報，使免遭敗訟拍賣之厄，復辛苦支持報中度支者六年。辛亥九月粵省光復，先生率港商林護、吳東啟等數十人隨胡君漢民入粵，眾推漢民任都督，先生任財政司長。時各路民軍雲集省垣，往往持手槍、炸彈以強索軍餉，先生惟以公忠自處，絕不為威武所屈，民軍首領感其誠悃，咸帖然就範。及民元二月統一政府成立，先生以從政非其所長，率先引退，仍至香港重理舊業。無何，袁世凱篡國稱帝之真相暴露，各省民黨日謀匡復，群向先生求助，先生輒解囊應之。間有意存奢望，以傾家變產為請者，先生曰：「余之救國為持久性的救國，余家人口至夥，負擔極重，故不能如吾族人李君海雲之孤注一擲，只可量力源源接濟，此後余報國之機會至多，余職責所在，決不後人」云云。蓋庚戌正月廣州新軍反正之役，李君海雲時在先生所設之金利源藥肆私營美洲華僑匯兌事業，因軍餉緊急，遂席捲存款二萬餘元以助義師，事後屢受股東究詰，賴先生平停息事，故云然也。自時厥後，孫中山先生所進行革命事業，如民六海軍護法之役、民十及民十二出師北伐之役，先生皆號召港商募集鉅款，為軍政府之助。民二十一年「一・二八」之役，港僑捐金赴義者為數不下二百萬元，且發起全港工商界每月自動繳納所得捐若干至罷戰日為止之議，實先生宣導之力。先生所謂持久性的救國，此言益信而有徵矣。通觀四十年來一部商人的革命救國史，關於個人募款最多者，乙未廣州一役為黃詠商，庚子惠州及辛丑廣州二役為李紀堂，丁未鎮南關一役為曾錫周、馬培生，庚戌廣州新軍一役為李海雲，民五討袁逐龍一役為簡讓之、林暉廷，討莫榮新一役為楊西岩、郭民發，討陳炯明一役為伍學焜、楊西岩，除曾、馬外俱屬港商，或為力量的時間性，或為祿位的投機性，或為權利的條件性，獨先生始終不務權利祿位，宣勞仗義，死而後已。「一・二八」之役，更日夕向港僑演說募捐，至於聲嘶力竭，病幾不起。求之海內外商人能具此持久性的救國成績者，殊不多覯。

四曰樂善好義。先生每年恒劃出其收入之一部為公益事業補助金，如教育事業，私立大中小學校之賴其資助者十餘所；慈善事業，則對於其窮困親族按口分別津貼之外，每年協助國內外醫院之經常費，為數不貲。晚年因所營商業不振，收入頓減，其子弟中有以減少慈善捐款為請者，先生曰：「余之素志，即好善不倦，雖節衣縮食，而此項捐款萬不能減。」於是核減家人月費，以為慈善費之補充。病篤時，猶切囑其後人對於歷年捐助之各項公益補助金，勿予中斷，此亦持久性的好義，尤屬難能可貴。

五曰潔己奉公。先生任財政司長者六月，維時變革伊始，餉糈浩繁，粵政府嘗二次向港商借款，許以借一元還兩元之利益。及償款期屆，先生乃勸港商體諒政府困窮，減收息金半數，港商咸無異議。其後廖君仲愷繼任司長，因協濟北京政府政費，特向港商募集有獎公債一百萬元，詎因民二討袁軍起，龍濟光戰勝入粵，此債卒未清償，港商至今猶嘖有煩言也。先生自謂身為商人，只知持籌握算，絕不明瞭國家之財政大計，彼之肯擔任財政官吏，不過盡黨員之責，在革命過渡期間偶一為之而已。革命黨官吏與清朝官吏不同之點，即是革命黨不要錢，而清吏則貪污要錢，若革命黨亦要錢者，則吾人何必革命？故當時有謠傳先生賣缺好貨者，先生即憤然向胡、陳二都督辭職，經胡、陳力勸始允暫任數月。先生於解職後，嘗語余曰：「余在職六月，除應得俸金外，曾先後於港商借款總額中佔有四萬元，償還時除本金外，得息金二萬元，此即余一行作吏之所得」云云。民三四間，先生嘗有與同志建築商林護君互談交換財產之趣事：蓋先生與林咸謂己有財產不滿十萬元，故提出彼此易產徵信之一法，及後核查所值，乃知先生財產不及十萬，而每年所得各公司發起人特別奬金之數遠在十萬財產利息之上，林護財產約十數萬，而所獲年息仍不及先生所得，遂一笑而罷。此事後為胡君漢民所知，恒引為笑談。粵金融界慣以操縱銀毫、紙幣為投機事業，有好友、淡友之分，先生於紙幣低跌時，輒以銀毫吸收紙幣，藉以調劑市價。廖君仲愷語之曰：「此乃市儈行為，殊不合財政學原理，世界各國亦無此政治。」先生曰：「吾本不諳財政學，只有恃此法以救濟市面而已。」然廖後長財政，固亦不得不襲用先生之方法也。先生卸任之後，嘗解私囊，耗資七百餘元，印布任內一切度支單據表冊徵信錄，分送國內外各社團，以示廉潔之模範，粵人咸稱頌不置，此真革命商人掌理財政之別開生面者也。又去年秋廣東銀行歇業之前，先生知該行財政拮据，特將牯嶺洋房及各大公司股票賤價脫售，以清償所欠，結果雖不能挽救危急，然其公以忘私之熱誠，一般債權人莫不深相敬佩。以視世間借破產或虧折以漁利之市儈，相去何可以道里計耶？

六曰苦志毅力。先生對於一切邪癖惡習，均深惡痛絕。弱冠在美國嘗染阿芙蓉癖，歸國後決意戒吸，然戒一次即大病一次，三十五年中屢戒屢吸，而其志不餒。親友中慮其因此喪生，多勸其不宜固執，陳君少白亦以此勸之。先生曰：「吾日向社會各界提倡改革，若仍浸染惡癖，何能自圓其說？」遂毀棄一切煙具，帶病戒之，至五十五歲始獲成功，而體魄反因之日健，連續添子女十一人。世有藉口年老不能戒煙者，誠不可不以先生為法也。先生親友中有以販賣煙土及開賭致富者，嘗勸先生附股其間，謂可操券而獲巨利，先生謂身是維新人物，雖渴不飲盜泉，始終拒絕其請，如先生之苦志毅力，洵可風矣。

如上所述，均為先生之嘉言懿行，大足為世人取法。尚有一節，則為忠厚待人，先生生平商業上失敗之歷史亦有多次，每次均以用人不慎，被侵蝕鉅款而致影響營業，識者咸謂其過於忠厚所致。然先生每經一次失敗，仍泰然自若，淡泊處之，恒語人曰：「金錢是世界公物，得失何必介意。」此其所以能享修齡，而急公好義老而彌篤也。民二十，國難會議議員在上海開預備會，先生預焉，熊君秉三嘗叩先生以何道而獲高壽，先生曰：「吾一生以和平為旨，凡事皆以和氣處之。」所謂和氣致祥，其在斯乎！

（原刊《逸經》第八期）

馮自由易名之由來

簡又文

《革命逸史》著者馮先生奔走國事四十年，皆以「自由」二字為名，無論識與不識，殆無不訝其取名之奇特可異。豈知其得此名之由來，實為一段極有趣味的小掌故。因其適與《革命逸史》所紀有關，特為錄出，以作此《逸史》之逸史。馮原名懋龍，昔在日本大同學校嘗撰《救國歌》以見志，中有「懋龍少年負奇氣，折矢誓拯神洲弱；每聞時事怒衝冠，要把強夷一縲縛」之句，可見其時少年氣盛，愛國熱烈之概。戊戌冬（一八九八），康有為至橫濱，訪其父鏡如先生，特寫《禮運大同》篇以贈懋龍，知其未有字，乃為題「仲和」二字。馮素與康宗旨不合，且尤惡其官僚習氣太深，鄙而不用焉。庚子夏（一九〇〇），馮尚在東京大同學校讀書，時梁啟超已赴檀香山，保皇黨所辦之《清議報》文字由麥孟華、秦力山、蔡松坡等分別擔任。一日，麥語大同諸學生曰：「此時做文字真難，因康先生字字干涉。卓如所撰《飲冰室自由書》，康先生亦來信不許登載『自由』二字，此外平等、獨立、自主等名辭亦受詰責。

余意此後作文可暫用『自立』二字，以示遷就，因『自立』一語更可包括自由、獨立之兩意義。倘將來康先生再有信反對，仍可再為更改。諸君以為何如？」馮憤然曰：「平等、自由乃人類天賦之權，法有『不自由，毋寧死』之格言，德人且謂侵人自由為大罪，放棄自由者亦如之。今老康事事專制，惟深具奴隸根性者始能服從。吾從今日起，即易名『自由』，試問誰敢干涉？」於是大書「馮懋龍改名自由」七字於教室黑板上，諸生睹之莫不稱快。秦力山本號遁厂，鄭貫一號貫厂，因此同時易「厂」為「公」，以示脫離康門範圍。壬寅（一九〇二）三月，馮與章太炎、秦力山、朱菱溪、馬君武等十人在東京發起「支那亡國二百四十二年紀念會」，即署名「自由」。迄今，非屬庚子以前之老革命家，殆鮮知其懋龍原名者矣。然而余獨知之者，則因余為好奇心所迫，曾下一番歷史考據功夫，故知之且甚詳也。

（原刊《逸經》第五期）

溥儀夫婦居故宮時遺聞

止厂

前清廢帝溥儀自在清宮被逐後，即蟄居天津張園過其優閑生活，不問外事。雖於朔望日仍以小朝廷自居，一般遺老馬蹄豚尾，朝賀如故，外人鮮有注意者。余與故老游，聞其遺事甚夥，且於故宮內得見其作文及日記，茲略述一二，即可知其為人，並可以徵其在清宮時所過無聊之生活。

按溥儀本為攝政王載灃子，以幼齡承繼大統，當時名為隆裕太后聽政，實則政出多門，如攝政王、那桐、張之洞、徐世昌等，皆各具勢力。每逢商議國家大事，攝政王抱溥儀升寶座，朝見群臣，灃常置溥儀坐其膝上，蓋形式固須如此也。惟溥儀生性，自小即好遊戲，端坐則感不適，雖其父每於事前嚴囑其不准亂動亂叫，然稍坐溥儀即哭叫不已，而議事又不能中止。灃乃哄撫之曰：「不要哭，一會就完了，快完了哪！」一重述數次，伊乃稍止其啼。而一般大臣，每聞此言皆不懌，出相謂曰：「小主子坐朝即哭，王爺又連說『快完了』，恐非吉兆。」是時天下已騷動，立憲之聲甚濃，果不久武昌起義，清室即真正「完了」。

後張勳復辟，溥儀已稍長，勳擁之復位，儼然恢復舊邦。佈局尚未妥貼，而段祺瑞已馬廠誓師，兵臨城下，並每日以飛機作威嚇，尤以清宮為目標。緣自清室遜位後，宮中所居者多婦女閹宦，壯丁極少，一聞飛機軋軋之聲，皆驚惶不可名狀，奔避不已。惟溥儀不畏，且以為樂，機來時伏於簷下，聞聲稍遠即出，並拍手大呼曰：「快出來罷，完了完了！」隆裕后聞而斥之曰：「汝小時坐朝愛哭，汝父說『快完了』，果不久清室即亡；今恢復尚未成功，汝又大呼『完了完了』，則清室尚有何望？」言畢痛哭不已，溥儀亦默然不言。蓋舊時最重迷信，而尤注重此種機語（按「完了完了」四字，其故事尚不止此。聞十六年在北京稱大元帥之張作霖，過皇姑屯遇炸時，受傷極重，其愛妾第七姨太太視慰之於身側，作霖見之泫然泣曰：「完了完了！」言畢不久即逝）。自復辟失敗後，清宮即改為故宮博物院，開放任人遊覽，帝王祕密，遂公於世。就中如古器、法物、典章、則例，足供史家之探討者甚多。至如溥儀夫婦所戲作詩文，雖斷簡殘編、俚文鄙句，亦莫不有關掌故，且可於此窺得宮中生活狀況，藉以知其起居之鱗爪也。

溥儀所作文，散見於養心殿、翊坤宮之几桌上及抽斗內，間有鉛筆書寫未加　錄者，中有致胡適之先生書一件，痛罵慈禧太后為「萬惡愚婦」，極力自詡其聰明。當清宮初開放時，余往參觀，見溥儀亂書於牆壁者亦極多，且極不通可笑。如有「琴雪芳，我想你啊」，蓋當民國十三四年，北京坤伶三傑即琴雪芳、孟小冬、碧雲霞三人，中雪芳尤豔麗，相傳「菩薩總統」曾大捧之，時正出演於京師城南遊藝園也。其〈記與蒙古人談話〉一則，甚覺有趣，原文云：

予（溥儀自稱）見蒙古人，彼言語甚為可笑，故記上。余曰：「你們幾時來京城兒？」蒙曰：「我們沒有吃茶。」余曰：「不是吃茶，我說你何時來到北京城兒？」蒙曰：「嘔嘔，臣才明白，皇上問的是什麼時候來的北京啊？是不是啊？」余曰：「為何不是呢。」蒙曰：「大前天早五點鐘來的。」余曰：「我聽說蒙古的地方不安靜，可是真麼？」蒙曰：「皇上胡說。」那彥圖大呼曰：「蒙古人敢口出不遜！這是皇帝，不許你亂七八糟的胡說八道。」蒙曰：「是是。」余曰：「不要緊，他沒有見過我，偶爾說一兩個不對的話，也無須責備。」蒙曰：「皇帝說的甚對。」那彥圖又叱之曰：「皇帝二字，是你叫的麼？」蒙曰：「那麼方才你為什麼說皇帝？」那曰：「唔唔，我不同你等混蛋說話了。」登時出去，蒙古人亦去。我下座大笑。簡直的是二人鬥口，不是余見人也。

此雖問答之語，而活繪出一無知識之蒙古人，最妙者為「皇上胡說」，及「皇帝說的甚對」二語，閱之令人噴飯。

溥儀又作有〈三希堂偶銘〉（原註仿〈陋室銘〉），亦不通之至。其文云：

屋不在大，有書則名；國不在霸，有人則能。此是小室，惟吾祖馨。琉球影閃耀，日光入紗明。寫讀有欣意，往來俱忠貞。可以看鏡子，閱三希，無心荒之亂耳，無倦怠之壞形。直隸長辛店，西蜀成都亭。余笑曰：何太平之有？

文中詞句，多不可通，足見其愚魯，若遺老見之，恐又將贊為「聖學淵深」矣。至其與妃人石霞書，較為通順：「石霞吾愛妝次：敬啟者，偎以賤質，幸蒙青眼，五中銘感，何可勝言。一日不見，有如三秋。鶼鶼鰈鰈，我我卿卿，愛情密密，月夜花前，攜手遊伴，柳岸河邊，並坐談心。你是一個仙人，我是半個北鴨旦子麼。」此牘似通非通，末後一句，尤為可笑。

其他尚有新詩若干，錄其一二，以見其思想，所有次序符號，一仍其舊，以存其真。

（一）燈閃著，風吹著，蟋蟀叫著，我坐在床上看書。月亮出了，風息了，我坐在椅上唱歌。

（二）月亮出來了，她坐在院中微笑的面容，忽然她跳起來銜著月亮鞠躬（按北平土語，「銜著」，便是向著之意），一面說：好潔淨的月兒，菊呢來個哉。一九二三北京Henry（按Henry即溥儀之英文名字）。

（三）秋風一陣陣的吹在窗檻上，你覺著冷不冷呵？月亮吹於西河，老鴉樂於北樹，我叫於書室，大講演於高堂，八音盒發出長嘯之音，使人忘倦。

（四）夜坐階生冷，思君方斷腸，寧同君萬死，豈忍兩分張。孰意君至此，悲愁儼若忘，洗盞相暢飲，歡罷願連床。

（五）正月一，宰個雞。二月二，放個口。三月三，繡褥單。四月四，寫個字。五月五，靜吃鹵。六月六，大汗出。七月七，愛拉稀。八月八，吃西瓜。九月九，獅子吼。十月十，（原缺）。十一月十一，吃個大鴨梨。十二月十二，商人到處買字。

綜觀上文，前三項乃無聊不通之作，第四則彼之情歌，第五則彼遊戲之作，其與愛妃石霞書，而自稱賤質，又謂幸蒙青眼，其對女性可謂尊敬已極。尚有《贈石霞》云：「石霞吾愛妝次：僕本無賴幸逢卿，感激何似老猴精；最怕一句拉不攖，羞得粉面若深紅。」總觀上文，由其不通之文章，可知溥儀之生活及思想，實乃一無聊少生趣之少年。以此等人而受外人愚弄，其甘作傀儡宜矣。

溥儀夫人與如夫人作品，在故宮所見者，不通一如溥儀。惟如夫人造詣較深，夫人名植蓮，其作品散見於儲秀宮養心殿，與溥儀所作雜置，中有詩歌與書札，書札則多致溥儀如夫人者，詩歌大率述閨中相思之句，亦亡清新宮詞也。英文名自署為衣里薩伯，與如夫人愛蓮信中，好夾以極淺之英文字，可見其為初學英文，志趣甚陋也。其與愛蓮書云：

> 愛蓮女士惠鑒：昨接來函，知汝之蘭楮悶損，俔以（按即「現已」二字）痊癒，余甚欣慰之至。並請君勿怕，是余錯誤，念余於君互相立誓，彼此均不得再生誤會，不拘何事，均可明言，所以君久不來，余以為稍有誤會之處，不過莫明其妙而已矣。只是君是因病不得來此，余實不能解也。君聞過中外各國，汝有病不能見余之理麼？若有何護（按即「獲」字）罪於君之處？還望君明以見告為幸。不過自歎才德不足，難當君之佳偶耳。請罪人植蓮啟。
>
> 本思在（再）寫數行，以博君之一哂，怎奈不會寫了，只得作此不通之數字，以解君之幽悶。

此函幼稚不通，堪與溥儀匹擬。

其如夫人之作，則頗多詩人之意，茲錄其有趣味一二首於下：

〈吊苑鹿〉云：「春光明媚，紅綠滿園，余偶散步其中，遊目騁懷，信可樂也。倚樹稍憩，忽聞囿鹿悲鳴婉轉，俛而視之，奄奄待斃，狀殊可憐。余以此鹿得入御園，受恩倖豢養，永保其生，亦可謂之幸矣。然野畜不畜於家，如此鹿在囿內，不得其自由，猶獄內之犯人，非遇赦不得而出也。莊子云：寧其生而曳尾於塗中，不願其死為骨為貴也。」

此文雖不佳，然尚有意思可尋，非如溥儀夫婦之幼稚形態。如夫人即愛蓮，其作品見於長春宮西廂書齋中，多詩文及日記，日記係寫於懷中日記簿者，有詠《紅樓夢》一首，觀其詞意，疑在未入宮前所作。其詞云：

紅樓擬作小蓬萊，中貯金陵十二釵。奢華莫比榮寧府，香草斜陽滿院栽。金屋藏嬌諸姊妹，有一個伶俐端正薛寶釵，在金陵閥閱尤稱富貴，遭蒙不造遇同懷。只為呆霸王性情果然呆，京都寄跡榮寧府，適逢元春妃子省親歸，金玉良緣秦晉偕。紅袖天香勤伴讀，常把繡閣當書齋。路途中迷失吹簫客，一赴秋闈竟不歸。

此詩雖有不通及不叶韻處，然大體尚可誦。尚有日記一段，可見宮中妃嬪之平日生活。日記云：

> 二十八日，星期六，早晨八點鐘起，洗手漱口，飲水已畢，梳洗吃飯。坐片時，我們寶先生（按寶先生，即指其師傅宗室寶熙）出門去了，我就沒讀書，也就寫了一大篇。可巧這個功夫，報就來了，我便看報，已畢，教婉春念《四書》、《詩經》，完後飲茶。我同老二、老三一同按琴唱歌，遊戲已畢，歇了一會，洗面，此時大鐘已然二點三刻了。我就餓了，想吃回頭，告訴房急速做，我坐在屋中久等不至，忽然Teacher（即老師）陳（按即太傅陳寶琛）來了，我一時著急，回頭又熱，所以我的嘴燙壞了。皆因又有賣珠花的來賣花，我心裡又著急念書，先生在旁邊等我，心焉有不著急之理。故此有這一燙，皆因不小心之過也。吃完回頭，就上課，六點鐘下課，送出先生，我就吃飯。我在院中遊片時，後來天色漸黑，我同大哥、老二、老三等說說玩玩，也就各自歸屋。我就摘花洗面，九時安歇，今日日記已然記完，明日再記。

此文尚清順，惟所謂「回頭」，不知是何食物？由上各文，溥儀之妻有夫人「植蓮」及如夫人「愛蓮」，而溥儀函中之「石霞吾愛」，不知是否如夫人？除此三人外，平日報章所載要以求與溥儀離婚之「文繡女士」，自經法律手續與溥離婚後，現居天津，宮中無其筆跡文章。不知溥儀之年齡，未壯而即被廢，其夫人、如夫人據社會所知者已有四人之多，外間不知者，尚有若干？相傳溥儀因幼時好色過度，已形同廢物，今證以上述諸文字，更見其夫婦居宮中生活之無聊賴及不自由之苦，而文繡之早求離異，雖其環境使然，要亦聰明之女子矣。

（原刊《逸經》第七期）

遺老張羅溥儀婚費記

自在

溥儀是什麼，不用說，許多人都知道他是前清廢黜之君，又是現在偽組織的傀儡。他在中華民國成立後十一年的十二月，在所謂文化城的北京，——否，現在應該說是北平——討老婆，那些遺老們卻稱他為「大婚」。

本來皇帝大婚，是特別鋪張揚厲，因為照古語說來，皇帝是萬人之上，一國的元首，富有四海，舉行婚禮，多耗用點民脂民膏，算不得一件什麼事；只就載淳（同治）用了一千萬餘兩，載湉（光緒）用了八百萬餘兩，當時的人們多說是應該的。但是溥儀所行的係清朝的末運，結婚又在下了台之後，當時不同往日，就限定他的所謂內務府極力撙節，不得超過三十萬元了。

三十萬元，在我們平民是很可觀的數目，可是在他嘗過皇帝癮的看起來，原不算一件什麼事，不過他那時也是時運不濟，優待經費沒能夠收足，不得不設法籌措。自然有那些騎牆派的官僚，蝙蝠式的政客，和遺老們效忠進貢，七湊八搭，算起來有二十多萬元。有姓名可舉的，如徐世昌二萬元，張作霖一萬元，奉天、吉林、黑龍江三省各一萬元，張勳一萬元，陳伯陶一萬元，陳望曾、戴培基、陳汝南、羅元燮各一千元，盧寶鑒、蘇志綱各五百元，陳應科二百元，曹受培、賴際熙、馮溥光、章果各一百元（陳望曾至章果十一人，共五千六百元，是托陳伯陶由香港帶京代交的）。還有陳夔龍、李經羲、李經邁、劉翰怡等，本來各送一萬元，後來不知怎樣，每人減半，只送了五千元。最奇的，有一位商人梁創，係永安公司的總理，不知怎樣心血來潮，也托陳伯陶代送了五百元。這位梁老闆，在前清沒有一點功名，不過做買賣賺了幾個錢，也跟著遺老們稱臣進貢，陳伯陶說梁老闆是有心皇室者，真是別有會心人不解了。

當時所謂大婚籌備處的總理，是載濤，就把溥儀所售奉天圈地得來的二十萬元，做婚事用，而把奴才們所送的錢存在匯豐銀行，預備做別種用途。本來二十多萬也不算少，無奈七除八拆，實際的寥寥無幾了。於是不再採辦什麼珍品，所謂皇后的居處，也不鋪張修葺，後父榮源也不賞賜第宅，只把他原有的屋頭門改建高些，利便通行彩輿而已。

溥儀當時雖然關了門做皇帝，象煞有介事的「大婚」，但是各方阿諛諂媚的、奴根未斷稱臣送物的，真是如蟻的附羶。只就黎元洪所送禮物已有八件，是法瑯器四件、綢緞兩種、帳一件、聯一副，紅帖子是大書特書「中華民國大總統黎元洪贈宣統大皇帝」，聯文云：「漢瓦當文，延年益壽；周銅盤銘，富貴吉祥。」特派黃開文前往致賀。身為中華民國大總統，也忘卻了民國六年溥儀復辟的一幕怪劇，又何怪那些復辟餘孽來稱臣進貢、叩頭請安呢？

溥儀婚時所用輿仗，並不是特製，也不是租用，更不是祖宗遺留，而是袁世凱叛國時所特製，預備出外應用，怎知一「氣」嗚呼，沒能夠享受。這次溥儀婚事，遂取而用之。那麼，死皇帝的輿仗，給准皇后來排場，不特出乎袁世凱夢想之外，恐也非溥儀所能預料得到，然而那些遺老們竟能聯想及此廢物利用，自然博得傳諭嘉獎。

聞得溥儀這次婚費，遺老們到處張羅，固然是表示他的忠懇，但是還有一個原因，係當年七月的時候，國會議員駱繼漢有提議廢止優待清室經費的動機。在上海的鄭孝胥聯合八人，王秉恩聯合二十二人，便分別函請各直省舊臣聯名合電力爭，而陳夔龍也聯合一百二十人致信張勳，圖謀反抗的方法。當駱案在北京醞釀預備提出之時，即給人知道，在外喧傳，那時清室方面大起恐慌，四處奔走，載濤星夜到天津，和張勳協商對付方策。張勳說如果駱議提出，則先聯合蒙、藏議員，為之反抗，一面請英文教師莊士敦預告駐京各國公使，說明此種優待條件是載在盟府，佈告友邦，根據此點，做最後的抵抗。這是想靠外援而維持經費。這一年，清室經費只撥付十萬元，收支相差很大，當時並有銷熔故宮金器得三十萬元撥做婚費的傳說。因此一來，在溥儀婚禮時，那些遺老們就趁機會向各處張羅，預備籌得一筆特別收入了。在婚禮時，流寓各地的遺老到京致賀的很多，並談別後的衷曲，更有趁機進奏表示忠悃。陳伯陶的所謂「大婚趨朝進奉奏」，就是一個例子。陳文云：

為恭值大婚，趨朝進奉事。竊臣生從東粵，入直南齋。衡魯歷滇黔泰岱之邦，提學蒞淮海維揚之地。記寵施之稠疊，愧賁報最之無由。嗣因老母八旬，乞恩歸養；旋以我朝三讓，守節窮居。處海濱者十一年，望京華兮八千里。今幸我皇上遵時養晦，及歲論婚。臣景迫桑榆，已臻莫齒，而心同葵藿，思覲天顏。重念昔年膏澤之深，彌思此日涓埃之報。謹將平素俸廉所得，及節縮所存，共大洋銀一萬元，敢竭愚誠，賁呈御用。匪須有式，庶少資天府之泉流；貢獻無多，聊自比野人之喧負。……

（原刊《逸經》第三期）

關於張天師

唯公　聞惕生

嗣漢天師府訪問記

說起張天師，一般人盡多少含有點神祕性，甚麼呼風喚雨般般會、捉鬼拿妖件件能的，神乎其神，幾如唐人說夢，令人猜摸不著。

其實張天師倒是一個極其平凡的人，他是承襲遠祖張道陵之餘蔭，世代相傳而為天師，聞以往為保持其靈種之血統，絕對不肯與人通婚，現在已是六十三代了。只是這位天師，他卻因為嗜好太多，以致行年四十，猶抱伯道之憂，雖幾次配偶，一無所出，至前兩年乃與一異姓女子結婚，已生子一周歲矣。其向日之惡嗜好亦已少減，據其同鄉某君言，本年春在首都已將鴉片煙癮戒脫，似示有放下屠刀之信心，或不無立地成仙之機會，此時聞正在四處活動，希圖重整旗鼓，惟請封一節已經內政部批斥不准，今後或將另出其花樣也。

太上清宮，即為其遠祖張道陵之護法地，古宮殿式之建築，巍峨偉構，極為雄觀。前臨清流之激湍，後枕山脈之蜿蜒，清幽無比。惟其宮殿多毀於洪楊兵燹之餘，益以近年「赤禍」為患，至今「門前石馬磨刀壞，華表千尋臥碧苔」，只空餘危樓一角，供人憑臥而已。

嗣漢天師府，距此約半里許，廟貌巍然，內部寬敞，庭院宏麗，古柏青松，高聳庇護，更顯其陰森之氣。訪張天師不遇，得見小天師，此即所謂六十四代天師之繼承者。遍觀內部各院陳設，古香古色，一塵不染，捉鬼殿、拿妖院，排列空壇近百數。據稱以前經天師捉拿之妖鬼，封錮於內，十六年即為共黨方志敏全部放出，事雖可笑，語卻足徵。所有財產均被沒收，由漢代傳下之張天師玉璽，亦被奪去，後由政府作為古物保存，至今已全部發還，其所視做珍貴之玉印，也居然無恙。

天師府擁有財產甚富，周圍數十里田園山澤均為其所有，且無田賦之負擔，不但在貴溪為一大地主，即在贛東亦為無與倫比之巨富也。附近居民，只知天師府為其太上政府，彼輩一向在其宗教之氣焰籠罩下，慣度其不識不知之順民生活，雖經共黨多年之變亂，至今仍不失其本色，對天師府一切供應，亦如常盡其義務，今後之張天師，將仍不失其富且豪矣。

天師徒眾遍天下，從前每當年屆秋季，各地徒眾紛至沓來，貢詣天師座下，求賜法水，加封道號，香火之盛，幾難以言語形容。其執事之編制，有道官、執法等官階，至今猶存。以該處為贛東唯一的風景區，交通公路路線業已由省政府修築完成，可以用汽車直達，近來各地要人前往遊覽者甚多，而捐助經費亦夥，只是天師猶以為未足，故仍極奔走之能事，雖到處碰壁，亦頗有在所不計之概。

現在嗣漢天師府空餘房屋，經貴溪縣政府利用，開辦完全小學一所，天師亦不常駐此，因其外務甚重，長期往來於漢、滬之間，做其所謂應時功課，登壇說法。只留其昔日相隨之衙役負看守之責，門前冷落車馬稀，天師當亦不勝其今昔之感！

天師世系

按《三國誌》註及《邵氏見聞錄》，張道陵，漢順帝時人，字輔漢，徐州豐人。入蜀居鶴鳴山中，造符書，為人治病。陵子衡，衡子魯，以其法相授，自號師君，其眾曰鬼卒、曰祭酒、曰理頭。朝廷不能討，就拜魯為漢寧太守，此張陵之始末見於傳記者也。胡氏《筆叢》及《續通考》又引道書，謂陵乃留侯八世孫，生於天目山，學長生之術，後隱於廣信龍虎山，章帝、和帝累召不起。久之遍遊名山，至興安雲錦洞，煉丹三年，青龍、白虎繞其上，丹成餌之。年六十而貌益少，又得祕書，通神變化，驅妖除鬼。既而入蜀，居鶴鳴山，老君授以祕籙，遂領弟子趙升王長來雲台，復煉大丹餌之。永壽二年，功成道著，乃以九月九日，將諸品祕籙、斬邪二劍、玉冊玉印，授其子衡，而自與夫人雍氏白日升天（《徐州府志》以為永壽元年），時年一百二十三歲。其四代孫盛，復來居龍虎山云。按《通考》所述，雖頗幻誕，然張陵之後，遷於龍虎山，其流大抵如此。《通鑒》亦云，張魯子自漢川徙居龍虎山也，然魏晉以來，但私相傳授，而未尊於朝廷。《世說》註，郗愔與弟曇崇天師道，此人間崇道教之始也。至北魏嵩山道士寇謙之，自言嘗遇老子，命繼張陵與天師，授以雲中音誦新科之戒、服食導引口訣之法。又遇老子玄孫李譜，授以圖籙真經、劾召神鬼及銷煉金丹雲英八石玉漿之法，使佐北斗太平真君。乃奉其書，獻於魏明帝，朝野多未之信，獨崔浩深信之，勸魏主崇奉。乃迎致論之弟子，起天師道場於平城東南，重壇五層，月設廚會數千人，此朝廷崇道教之始也。

又《太平廣記》：梁武初未知道教，因陶貞白詣張天師道裕，乃為立玄壇三百所，《通考》六載唐天寶六載以後，漢天師子孫嗣真教，冊贈天師為太師，可見天師之號，固始自六朝以來也。惟天寶中既令其子孫嗣真教，當已世襲，但其封號，史不悉載。《通考》：宋太宗祥符九年，賜信州道士張士隨號真靜先生，王欽若為奏立授籙院及上清觀，蠲其租稅。自是凡嗣位者皆賜號，邱瓊山謂此為張氏賜號之始，然無階品。徽宗崇寧二年，賜張繼生亦僅號虛靜先生（《續通考》：繼先隨上入宮，諸妃嬪爭以扇求書，繼先以經語書之，各契其意。中舉一柄扇稽首書曰「保鎮國祚，與天長存」，則上所御扇也。上奇之，命禱雨，輒應。金人犯汴，欽宗又召之，至泗州天慶觀，作頌曰：「西山下紅日，煙雨落潛潛。」書絕而化。金人適以是日陷汴京。又《夷堅志》張虛靜天師斬同州白蛇一事，謂虛靜乃漢天師三十代孫，平生不娶，京師將亂，潛出城還鄉屍解，復隱於峨眉山，天師嫡派遂絕今以族人紹厥後雲）。元世祖至元十三年，乃賜張宗演靈應沖和真人之號，給三品銀印，令主江南道教。十五年，又為建正乙祠於京師，以其弟子張留孫居之。嗣後張氏繼襲者，屢有加號，進秩至一品。明太祖以張正常為真人，去其舊稱天師之號，謂群臣曰：「至尊惟天，豈有師也？」賜秩正二品。按元時所封本真人，而明祖謂應改其天師之號，蓋民間所稱及其私號，自六朝以來，固尚仍天師之名而未易也。

（原刊《逸經》第十五期）

關中怪傑郭堅

曹芥初

刀客

縱横三秦，震撼河東，假革命之名，行害民之實的郭堅，埋骨荒邱，星霜荏苒，轉瞬已十四年矣。人世間對於伊之印象，諒已由淡漠而消逝。似此一代怪傑，烏忍其腥臭無遺，與草木同朽？爰濡筆記其生平焉。

堅號方剛，陝西蒲城人，與岳維峻、井勿幕、井岳秀、楊虎城為同鄉。遜清末年，政治窳敗，外患侵凌，血性男兒圖奮發自強，紛紛加入大刀會，以俠義相策勵，以扶漢滅清相號召。風氣所至，渭河南北之胡景翼、井勿幕、郭堅、楊虎城、高峻、井岳秀等，咸為大刀會中之基幹，一時風起雲湧，三秦人士呼之為「刀客」。

勾當

如以施耐菴寫《水滸傳》之筆，素描郭堅，他是「一個白淨子，高高的個兒，俊秀風雅，氣度從容」的人物，從表面看上，誰能猜出他是震動關中底好漢？

初，郭堅專為巨商大賈包討濫賬，凡百年清而未結之賬渣，或三代要不上之殘賬，只要交給郭堅，說明三七分，四六擘，無論甚麼賬，他都能代為料理清楚，但所取之方式，不外強索，惡要，用鋼刀放在脖子上，暴力威脅下的苦跌打政策。

當時郭堅部下，全靠代人要賬的勾當來生活，個個像一位會計師，兼充巡捕頭。

楊虎城呢？他卻專為一般被壓迫的可憐債戶抱打不平，兩條好漢以思想行徑之不同，成了冤家對頭，見面就火拼，結下了一層深深仇恨。

如以現代之眼光論評兩人的行徑，則郭堅無疑為資本家之保鏢，而楊虎城自然是貧苦階級之衛士矣。

「刀客」這個名詞，多麼響亮，多麼風趣。

探病

後郭堅助陳樹藩驅走陸建章，陳繼陝督，論功行賞，任郭為西安警備司令，由刀客而軍官，實千古一大捷徑。

一日楊虎城受創，傷勢危急，非行手術，難望痊癒。顧小城荒村，何處去尋醫院？時西安廣仁醫院，馳名遐邇，但警備西安者又為冤家郭堅，徒喚奈何。遂潛赴西安入廣仁醫院療治，但不免提心吊膽，硬著頭皮耳。

晨起，閽者持一名刺來，云「有客見訪」。楊視片，赫然「西安警備司令」官銜也，立抽枕下勃朗寧，急實彈，遙對門口，嚴加戒備。郭立窗外聞槍彈動作聲，忙喊道:「九娃子！還不放心我？我要殺你，我就不來。我有句話對你說，你把槍放下。」

楊坐病榻上隔窗答道：「我在你勢下，要殺就殺，莫話說！」嚴重、緊張、沉寂之下，郭繼道：「是這，我今天不見你，我怕你莫錢花，給你送二百塊錢，放在這裡，明天再見。」乃以錢置地下，匆匆而去，剎那之間，倖免血濺斗室之危。

逾數日，郭果來，楊亦坦然，英雄相見，互道渴慕，握手一笑，前嫌盡釋矣。

攻晉

陳樹藩在陝豈容那麼一個桀傲跋扈之怪物，長久鼾睡臥榻之旁？然炮製之法，煞費苦心。鴻門宴乎，又恐畫虎不成，打草驚蛇；霸王硬上弓乎，更恐釀成大禍，彈飛皇城。陳畢竟卓謀超群，非同凡鳥，乃定調虎離山、借刀殺人之策，時以擴展地盤，引動郭之野心，一次，二次，郭終究上了魚鉤。

於是陳、郭成立協定：一、郭堅率本部水陸好漢，渡河入晉，直趨河東，槍彈由陳源源接濟。二、所遺西安警備司令一職，由郭之愛將耿直繼任。三、下河東後，陳負責向中央保郭督晉。此後結秦晉之盟，永好勿替。

民六年，小麥割罷，忙於鋤秋，灞橋頭上，折柳送別，郭堅遂率領本部人馬，星夜渡河，浩浩蕩蕩殺奔河東矣。滿想旗開得勝，一展平生之志，孰意轉戰月餘，棄甲曳兵，落得隻身而逃。

原來陳樹藩於郭渡河後，即急電閻百川報稱「有匪入晉，火速撲滅」，並願截斷歸路，以收夾擊之效，閻得電立調大軍，嚴陣以待。郭渡河接觸後，始知中計，但歸路已斷，黃河阻隔，只得督令急攻，以期死裡逃生。時當六月中旬，天氣炎熱，火樹爍金，郭部純係草澤英雄，生性強悍，血戰永濟、臨晉、滎河、河津、猗氏諸縣。好漢到處，無非「殺人放火，姦淫擄掠」，晉南人士迄今提及郭堅，猶有餘痛。

時郭乘綠呢大轎，其部曲頭腰均纏紅綠綢綾，厚約三五寸，所遇婦女鮮有倖免者，亦浩劫也。

反陳救耿

時駐河東者，為山西陸軍第八團，團長丰羽鵬整軍經武，蜚聲晉南，閻百川授以剿匪全責，並調第四團謝濂部及騎兵第二營，堵剿月餘，匪不支，或擒或殺，幾無噍類，郭堅喬裝渡河僅以身免。此下河東之一幕也。

衛定一曾任郭部連長，民十六年衛隨岳維峻由陝出關，已任軍長矣。駐河南時，每提及下河東之役，輒云：「我們太對不起河東的老百姓，把人糟塌夠了！」寥寥數語，不知包括多少孤兒寡婦之血淚也。

郭軍消滅後，被辱婦女，羞愧難容，自殺者不計其數，村民無法，群推村長敲鑼遍告曰：「過去的事，誰也不要笑話誰，還是好好過光景！」自殺之風始稍歛。

郭返陝後，怒陳之誑己也，決心反之，時西安警備司令耿直，郭之愛將也。陳自知理屈，頗願談判，未及折衝，郭已嘯聚好漢，佔據興平數縣。郭得地盤後，四方英雄雲集，不久又成一軍，乃嗾使耿直於西安發動反陳。耿果據鼓樓炮擊督署，演成巷戰，日久耿漸不支，急派人求郭星夜來援，郭聞訊立率部趨西安。

經盩厔縣，紳商素知郭善書，乃設盛筵歡迎之，酒酣耳熱後，求寫字以留紀念。郭於美酒、鴉片後，筆興大發，揮毫不已，群知郭興發，求者愈眾，直至紅日銜山，始恍然憶及赴西安救耿直之事，率隊急行，抵省已不及救，耿遂潰敗。郭素愛書：

看來世事全能語，說到人情劍欲鳴。
鐵肩擔道義，辣手著文章。

字體勁秀，關中稱之。郭雖出身刀客，而文學涵養極深，且具名士癖，於此可見一斑。

羌白鎮與革命

陳、郭兩軍既成敵對，鏖戰不已。一次郭率部攻同州，守將係陳之悍將王飛虎，不克，乃退據離城十五里之羌白鎮。夜半王率部竟出同州圍羌白，日久，郭彈盡援絕，苦不得脫。一夜傾盆大雨，郭傳令於城之一面掘無數燧道，外只剩薄土一層，並收集全鎮鞭炮備用，將鞭炮懸城垛三面燃之，一時炮聲齊鳴，王部急集中兵力三面環攻，恐其突圍而走，郭早衝破燧道，由虛面遠颺矣。王部冒雨戰竟夜，天明始悉中計。查羌白為關中糧食集中地，郭守之月餘，不感恐慌，後以香煙、鴉片斷絕，始突圍去。

民六年冬，張義安起義三原，樹靖國軍幟。七年五月于右任先生返陝主持大計，編所部為六路，第一路司令即郭堅也，第二路樊鍾秀，第三路曹世英，第四路胡景翼，第五路高峻，第六路盧占魁。時楊虎城屬第三路，及曹世英投吳佩孚，始編楊部為第七路。六路中以第四路胡景翼部守紀律，重訓練，名譽稍好；郭部仍本來面目，刀客行徑，胡譏之為土匪，郭銜之，愈加放縱，任其搶掠，充耳不聞。

某次，郭在西路為陳所困，久之，彈罄援絕。郭無奈，致胡笠僧一函求援，上書：「陳賊打我，你賊不管，我賊若滅，你賊不遠！」寥寥十六字，郭之整個性情，及陝西群雄姿態，躍然紙上矣。迄今此奇句小簡，為三秦人士所樂道，亦史料也。

守鳳翔

鳳翔城濠奇深，郭堅攻之不克，苦無妙計，適一群載棉花車過境，郭悉令卸下，暫借一用；乃緣夜派兵推棉花包填濠內，高度幾與城等，據之攻城，克矣。陳聞訊立調大軍圍鳳翔，兵力雄厚，直圍得水泄不通。郭守城之暇悠然自得，且開戲院，演秦腔，軍民同樂。有諫之者，輒曰：「一點興味莫有，誰格（給）你守城？」聞者許之。

郭守鳳翔，內外相持者凡五閱月，嗣北政府免陳職，令閻相文入陝，陳恐大樹已去，孤根難托，乃嚴令攻鳳翔以為根據地。郭受攻百思莫解，疑政局必生巨變，否則陳決不相逼之甚也。顧被困日久，消息隔絕，一榻橫陳，頓得一計，即令打道天主堂訪某神甫，借洋床支煙燈，請神甫共吸鴉片。神甫以郭態度失常，恐遭不測，心殊忐忑；郭對孤燈，噴雲吐霧，殷勤燒煙，狀頗歡洽，神甫心稍定。過癮後，突曰：「現在陳伯生攻得急，城破了，我先殺你！」神甫驟聞之大驚，目瞪口呆，幾不能語，郭續曰：「要不然，你就得救我！」神甫亟詢相救之法，郭曰：「你派代表到西安替我們講和，我派上一個偵探跟著進省，看看情形，講和不講和，都算你救我了！」神甫立應之，不敢支吾也。

陳素優待外人，聞神甫進省，囑令放行。抵西安後，偵探始知陳已被政府免職，閻相文繼陝督。返鳳翔報郭堅，郭聆訊精神百倍，謝神甫，勵士卒，堅守以待援兵，苦撐數日，陳果解圍去。

言論與技倆

一兵士向郭索餉，郭詈之曰：「驢×的，問我要錢呢！你看你哦槍筒子裡，紅的（美人）、黃的（金錢）、白的（銀圓）、黑的（鴉片）哪一樣沒有？」妙語解頤，可垂「槍典」，惜無藍本的耳。

其部曲於搶掠後，如為政治機關所偵知，指名控告時，郭即揀軍中無能小卒殺之，報以「業經正法矣」。其兇犯則逍遙法外，故愈兇悍者愈得郭之賞識袒護，從不紲之以法。老誠懦弱者，輒含冤代死，善惡顛倒，是非另有規定，亦變態心理也。

郭態度從容，臨戰陣漫若無事，平生三提其鞋：河東敗後，晉軍追之急，始捨轎提鞋，狂奔返陝，一次也；守羌白，王飛虎攻之急，乘夜冒雨，提鞋突圍，二次也；馮煥章先生蒞陝後，郭以守鳳翔，牽掣陳兵有功，愈驕橫，馮佯為推重，邀入省商軍事，郭頗自得，為之提鞋整冠，抵西安，馮殺之於陸軍測量局。曹、吳聞訊，恐釀巨變，曾電閻相文詰責，有警句曰：「殺一郭堅，西北從此多事矣。」其重視如此。

郭好女色，美姬如雲，諸妾中以三太太豔而勇，善騎射。郭之精銳均三太太帶之，三太太亦風流浪漫，見美少年輒擄之歸，郭雖知之，無如何也。郭死，下嫁黨跛子為二太太，所事非人，鬱鬱以終。

（原刊《逸經》第五期）

補紀郭堅伏法事

簡又文

讀曹先生所記郭堅軼事後，乃憶起昔年從征西北時，親聞諸軍中前輩所述郭氏伏誅事甚詳，茲補錄於後。

先是，于右任先生回陝組織靖國軍，關中英傑，景然歸附。其中，胡景翼、岳維峻、鄧寶珊諸氏皆一時之彥。獨有郭堅則徒假其靖國軍名號旗幟，肆行橫暴，殘民以逞，尤好姦淫，計關中、河東十一二齡少女被其摧殘者以千計，西北人民恨之刺骨。時閻相文氏任陝西督軍，馮玉祥氏為第十一師師長，另有閻治堂、胡景翼、吳新田、劉鎮華等均率軍駐陝。吳佩孚聞郭軍毫無紀律，擾亂地方，乃電調其出關。郭回電要脅，索現洋五十萬、槍五千枝、子彈五十萬發方允開動。吳乃密令閻督設法解決，閻特請馮、閻、胡、吳、劉等會商辦法。馮言解決不難，只要督軍一紙命令，自願執行以為民除害而申軍紀。閻即下手令給馮照辦。

其時郭已帶馬弁百十人入西安，居一張紳家，日夜恣意取樂。馮柬請其到西關外宴會，並邀劉、胡、吳、閻、劉驥（馮之參謀長兼閻督之軍務廳長）及張紳等作陪，即伏兵一連於後牆，相機行事。郭依時偕張紳赴約，帶親兵以俱。既至，馮特邀其入內室密談。是時，伏在後牆之兵無意中將牆頭壓倒，刺刀畢露。郭之馬弁見有埋伏，即開槍，而閻、吳、劉、胡等隨從兵弁不知原委，亦各拔槍亂放，一時秩序大亂，頓成混戰之局。郭入內室即聞槍聲四起，心知有異，立行退出。馮見機會不可失，一躍上前，出其不意，抓住其右腕右臂。馮固身體魁梧奇偉，孔武有力，兼素擅武術，至是乃略施手段將其屈倒在地，喝令衛兵湧入以繩捆綁。隨來之張紳倉皇奔出，外兵誤以為郭堅，捕而即欲槍殺之。馮隨出解釋誤會，始放之出。張已嚇至面如土色，乃自怨平素濫交，致誤結匪人，宜食其報云。馮即指揮部下解決郭之衛兵，宣讀閻督密令，立將郭堅槍決，並移屍示眾，以快人心。全城人民絡繹來觀，無不額手稱慶，更有鬚髮皤然之老人數十環觀郭屍，流涙滿面，跪地叩頭，喃喃多謝上天去此民賊云。

（原刊《逸經》第五期）

禍國殃民貪污殘暴之張宗昌

工爻等

張宗昌之出身

國人戲謚為「狗肉將軍」及「長腿將軍」之張宗昌，山東掖縣人。父本喇叭手及剃髮匠，母為巫婆。十二三歲時，宗昌即助其父掌「砰砰×」（俗名，即鐃鈸也），年十五六隨其母赴營口，在「寶棚」為賭傭，日與扒手小偷為伍。當地士紳以為患，逐之，遂逃至關東為鬍匪。其母仍留居營口，與澡堂老闆、補鞋匠及賣布「喝郎」，相繼姘好。賣布「喝郎」因爭風殺死補鞋匠，被捕入公安局（？）。張母亦被逐，以無資斧返里，遂以身代價，得一車夫送之返掖縣，復歸喇叭手。喇叭手因甚貧，無以養家，乃商將髮妻歸賣糧行商賈某而得粟若干以糊口。國人均知宗昌有兩個父親，此即其原委也。

辛亥年革命起義，宗昌由關東率鬍匪百人至煙臺，投都督胡瑛麾下。胡與革命黨人拒之，宗昌乃往上海，投革命軍團長×氏。時值南北議和成功，團長下野，以宗昌體格魁梧，有膽有勇，即以其代領部眾。後經江蘇都督程德全氏編為光復軍，調豐、沛、蕭、碭一帶剿匪，隸冷禦秋師。會二次革命作，冷敗他去，宗昌收編其部，勢益強。然因黨冷故，所部不久即為馮國璋所解散，僅給以模範監督團之空銜。自是宗昌即以殺戮革命同志為己任，上海都督陳其美氏之被暗殺，宗昌實兇手也。自是乃得馮信賴，馮為副總統時，委其為侍衛武官長。

至是宗昌思榮歸故里，乃輦江南之綾羅綢緞及書畫、骨董數車，帶馬弁八人，逕返掖縣。本地士紳以其出身微賤，羞與為伍。宗昌乃分贈禮物，各投所好，且登縉紳先生之門，謙卑恭敬，以求一見為榮，人仍鄙之。宗昌乃進而謀為父祝壽。諸紳既霑其惠又畏其威，不得不與應酬，乃各送壽帳一幅，上款稱其父為仁兄，下款則逕署姓名。宗昌命人讀上下款，甚為不悅，令改上款為「喇叭手」，下款則為「老爺某某」。翌日，諸紳至其家見而不安，乃各改書。

此時，宗昌自思己身已貴，欲迎母歸家奉養，擬以地三頃贖之歸。奈母氏不知其子升官，捨不得賈家安逸生活，竟無歸意，宗昌引為一生憾事焉。「孝思不匱」，狗肉將軍亦未嘗盡泯天性也。

宗昌嘗率兵一師攻湖南，大敗，乃復遁關外，居瀋陽。值吉林高士儐叛變，張作霖令其往助孟恩遠。高平，以功被委為鎮守使，恭順異常。未幾奉直戰起，宗昌任先鋒，拚命作戰，所向披靡。

宗昌作戰，只憑勇氣，毫無智謀，其部下多係「土彎彎」（即土匪），均驍勇善戰，故屢獲勝仗。而其軍中有一軍師，實為助其成功之人，此軍師即相士佟花鼓是也。緣在奉直戰爭中，宗昌任喜峰口以東陣地，一日偶遇佟，趨問吉凶。佟言其貌當大貴，並預卜次日直軍乘車過此，車必覆，乘機掩殺，可奏奇功。翌日，宗昌果列陣以待，直軍車至其處果顛覆如佟所言，遂獲大勝。當時佟花鼓在高岡之上，散髮踏步，口中念念有辭。宗昌延之下岡，拜為軍師，以後行軍作戰，必惟其言是聽。緣相士固甚工心計者，於見宗昌之後，是夜命農夫數人私將鐵路過橋之處，拔去軌上螺絲，故直軍軍車顛覆，蓋知宗昌可愚，故藉神話為進身之階也。而宗昌亦因勞苦功高而得為山東督辦。（作者：工交）

張宗昌禍魯記（上）

一個星期六的下午，我在濟南到普利門外買書，忽然市民都浮著驚異的眼光，轉過身，才知道是督辦山東的張宗昌來了。霎時間，一百多匹雄馬簇擁著，校尉們都戴著金線帽，腰挎倭鐵刀，當中坐著一個滿臉橫肉，殺氣騰騰，紫膛面皮，兩眼灼灼，身高六尺多的凶煞張宗昌，左顧右盼，洋洋得意如一陣旋風過去了。

張宗昌到山東不久，市上就流行了「切開亮亮」、「聽聽電話」兩句諺語。「切開亮亮」，是把人頭當做西瓜，切開曬曬太陽；「聽聽電話」，是把人頭掛在電線桿上，遠看去好像在那裡聽電話一般。同時膠濟和津浦車站上，也發現了「腦袋瓜子是護照」、「媽拉巴子是車票」的異樣聲調。腳踢、拳打、惡罵，呸！一臉臭唾沫，時常光臨到人民身上。老毛子（白俄兵）酗酒、無賴、姦淫，也成了濟南市上的風景點綴。在山東活著，真感覺「人命不如雞命了」。好朋友每逢見了面，都面面相覷的感歎著。

但是生於斯，家於斯，祖宗墳墓在斯的山東人民，又當奈何？只有聽天由命，任其宰割而已。苦！苦！苦！

張宗昌到任不久，便暴露了他的猙獰面目，施展出他的兇殘手段。鋼刀政策之下，蓬蓬勃勃的學聯會，銷聲匿跡了；優秀的青年逃亡了；代表民意的省議會，噤若寒蟬了。聰明點的立刻看風轉舵，拍上前去。「生當亂世，豈可不乘火打劫，坐地分肥？」於是道尹、縣長、局長，走馬上任，好不威風。一般爪牙到了地方，搜括壓榨，拚命報效，極力討好，社會上只見民瘦，官肥，朱門酒肉臭，路有餓死骨了。張宗昌從十四年六月到山東，十七年四月三十日夜狼狽而逃，三年之內剝削了人民血汗三萬萬五千萬元（剝削人民之總算帳詳後）。

張宗昌窮兵黷武，好亂成性，到山東以後，連年戰爭曾未稍休：計魯蘇之戰和孫傳芳拉鋸於蚌埠、徐州、韓莊、臨城間；魯豫之戰和靳雲鶚、李紀才血戰於泰山之陰；八里窪一役，幾乎棄甲曳兵，豕突而去；南口之役聯合奉、直壓迫國民軍，轉進甘隴，及革命軍北伐，猶作困獸之門，釁兵津浦線。每戰之後，屍骨盈野，兵力損失則補充，補充則要錢，要錢則加捐，錢到即招兵，兵到又打仗，這種循環方式，成為張宗昌治魯的惟一政策。當十四、十五、十六、十七年內，山東招兵白旗，遍地飛揚，不啻驅壯丁而填溝壑。山東人民烏得不窮？烏得不苦？

那時他手下的戰將是：褚玉璞、王棟、許昆、顧零、張敬堯、祝祥本、黃鳳岐、劉志陸、畢庶澄。歷年打仗，編制紊亂，凡是金銀線肩章，佩武裝帶的便是軍官；凡是戴上頭尖，下頭大，硬圓帽的便是直魯兵。往來街市者，轉戰田野者，呻吟醫院者，殘廢哀號者皆兵也。當時張宗昌有「三不知」的外號：一不知錢多少，二不知兵多少，三不知姨太太多少，開古今中外之創聞。

張宗昌的三個劊子手是警察廳長兼戒嚴司令袁××，山東省長林××，參謀長金××。其中尤以袁××恃寵妄為殺害無辜，為最大害。（作者：中直）

張宗昌禍魯記〔中〕

苛稅雜捐　張宗昌踞魯將近四年的功夫，無日不在儘量搜括中。搜括的方法，除正賦外或是加捐或是勒派，今天想多少錢，就下條子叫幾縣攤派，錢花完了就完事。那時山東人民真在水深火熱中，其痛苦實為全國之冠。其所納之正賦數目每地丁銀一兩，至少八元，多至二十元。北伐成功後，據省財政廳統計報告：「自張宗昌蒞魯起，至離魯日止，徵收之丁、漕及特附捐其有帳可查者，按照正額計算，有徵至民國二十八年以上的。」現在把他所徵收的捐稅名列左：

（1）地丁軍事善後一次特捐；（2）漕糧善後一次特捐；（3）地丁討赤一次特捐；（4）漕糧討赤捐；（5）地丁軍事特捐；（6）地丁軍事附捐；（7）漕糧軍事附捐；（8）李董堵口附捐；（9）賑濟特捐；（10）河工特別附捐；（11）汽車路附捐；（12）營房捐；（13）軍事借款；（14）善後公債；（15）煙酒稅費特捐；（16）公賣買特捐；（17）登記成立掛號費；（18）登記印花；（19）不動產登記費；（20）紙幣執照捐；（21）紙幣印花；（22）長途電話費；（23）煙種捐；（24）煙苗罰金；（25）營業牌照；（26）軍鞋捐；（27）第一軍甲子戰役撫恤券；（28）直魯軍討赤役撫恤券；（29）驗煙憑照費；（30）煙照印花；（31）修張宗昌生祠捐；（32）張宗昌鑄銅像捐；（33）墊柴草費；（34）慰勞將士費；（35）鍋頭捐；（36）養狗捐；（37）住房捐；（38）富戶捐；（39）人口捐；（40）官賣鴉片局；（41）煙燈捐；（42）小車捐；（43）人力車捐；（44）印花稅；（45）牲畜稅；（46）落地稅；（47）青菜稅；（48）官賣大糞的金汁行；（49）娼捐；（50）戲捐；（51）雞捐。

借款　濟案解決後，正式政府成立（陳調元主魯時，民國十九年），據財政廳對張宗昌借款一項報告，分四條述之：

（1）以財政廳名義借款：中國銀行本息五十六萬三千三百餘元，交通銀行本息三十七萬七千餘元。

（2）以財政廳名義擔保省銀行借款：欠中國銀行二十八萬三千餘元，欠交通銀行二十八萬三千餘元。

（3）張宗昌勒借中國銀行，是財政廳借款合同，欠本息六十九萬餘元；欠交通銀行是督辦公署張宗昌收據，本息二十四萬六千餘元。

（4）濟寧借款：本息合計中國銀行四萬二千三百餘元。

濫發紙幣　宗昌濫發紙幣，計有：（1）山東省銀行票；（2）軍用票；（3）金庫券，其數不下數千萬，毫無基金，亦毫無實數。因其前方戰事失利，使用時多有貼水折扣之事，致使金融攪亂。其兵士持之購物，蠻不講理，稍拂其意，即拳腳交加，破口大罵，不聽折扣貼水之事，時有爭打，商民不堪其苦。後聞有某商店拒使軍用票，為張宗昌聞知，遂令捉捕，嚴刑拷打後槍斃。

勒借軍餉　宗昌為籌措軍餉，或籌借現款購辦軍火，時向濟地各銀號及商會借款。佯稱借款，實為勒派，濟地開設十餘年之銀號公利錢局，即為被其勒派軍餉，關門大吉，經理以逃聞。

為虎作倀　宗昌本一老粗，性憨痴，為殺人不眨眼之魔王，平日之搜括民脂民膏之法多出自內助。有其七姨太太娘家兄袁××為其籌措軍餉及財政，其鄉誼林××為其參與一切禍國殃民的政治，宗昌則專任軍事。

建生祠鑄銅像　宗昌為表揚自己「功勞」起見，自籌在濟南大明湖畔建生祠一所及鑄銅像一座，所需之款勒派自民間，在泰山購花崗石一列車運濟以為建築之用。後因北伐軍進展神速，不及興工，事遂置未舉，但所勒派之建銅像建生祠捐，早已徵足了。

大興土木　宗昌為魯東掖縣人，家本赤貧，不學無術，性憨。其父業吹鼓手（舊婚喪禮中之作音樂者），其舊居非茅屋即土屋。踞魯後，為光其桑梓計，大興土木，重建舊居之村，宛如一小城池，內築洋房數座，城外導一小河，似鐵鍊，美麗如公園。

白俄軍隊　宗昌本來軍隊，即不在少數。時白俄人流落濟南者頗多，宗昌聞白俄人性憨善戰，遂編練白俄軍隊數師，餉銀飯食皆優於其他軍隊，以得其心，可供其驅使，殘殺同胞。白俄人性多喜飲酒，醉後在街高歌，或打傷行人，或姦淫婦女，警察不敢過問，否則飽警察以老拳。

幼年學兵　宗昌為其子××特募十餘歲之兒童一隊，曰「幼年學兵」，在×國特定製短小步槍以充軍實，服裝、餉銀皆優。其子為隊長，兵士約數千人，在濟地之南營駐防。操練時，皆唱「我家有個胖娃娃，正在三生日……」之兒童歌謠，人遂呼之曰「娃娃隊」。

關懷桑梓　宗昌踞魯後，其鄉族、遠親，多奔赴濟南求助。張關懷桑梓，抱「既來之，則安之」之原則，多安插於其部下為軍官。後魯東民間為編一歌謠曰：「會講掖縣話，就把洋刀掛！」

不發軍餉　宗昌搜括之民脂民膏，多為其私人享用，軍隊則多不發餉。兵士失去信心，戰多失利。一次為鼓勵軍心計，籌款發餉，但粥少僧多，所籌之款不足分配，遂改每兵士只發伍角。兵士領餉後語人：「再給張宗昌打伍角錢的仗。」

炮擊青天　十六年夏，濟地大旱，滴水未落，田間莊稼皆欲乾死，收成無望。宗昌遂令禁屠，祈雨於龍王廟，親出參拜。結果龍王不賞面，天仍不雨，張遂怒擊龍王數掌，以儆其不聽話；後改在張莊兵房用炮擊天，凡數小時，以洩其對天之怒，但天仍不雨。

巫士得寵　一日，宗昌以前方戰事屢次失利，悶悶不樂，聞人云南崗子（濟南市場之一）有一瞎巫士名崔瞎子者擅靈算，遂使人抓入督辦公署，為其測戰事之勝利。崔為其推算某次戰役必勝，後果勝利，張喜甚，賜以銀錢，授以顯職，奉為上賓。

鴉片公賣　宗昌令鴉片公賣。有投機者，在新建築之趵突泉商場樓上，闢室作鴉片之公賣店，美其室名曰「戒煙室」，月納宗昌以鴉片公賣稅若干。

自數學歷　一次宗昌召高級軍官會議於督署，席間部下各自介紹，誰為××大學畢業，誰為××大學肄業，宗昌情急拍案曰：「我張宗昌是綠林大學畢業！」

抓人當兵　宗昌在濟抓閒人當兵，悉送前方擋炮眼之用，一時街上行人不堪其苦，其所抓者盡壯年人。各學校學生時有被抓者，經交涉始放回。學校當局為預防計，特製給每學生一布條，上書姓名，加蓋學校圖章（形如招待員之條），以資辨識。

出門淨街　宗昌出門時必淨街，臨時禁止行人，尤其在督辦公署前之大馬路，特用淨水灑之。出時汽車前導以白俄騎兵，耀武揚威，街上滿布崗兵，荷槍實彈，皆以背向街心，以防刺客。

搜殺民黨　北伐軍因進展神速，早即派黨務工作人員在濟祕密作反張之工作，為張所偵悉，遂大捕民黨。其所視為大本營者為該地某大學，前後搜查五六次之多，揚言「要捕得非切開亮亮不可！」但多次因其奉派搜查之官員大煙癮作不能忍，乃不待詳搜即行速回，故所被捕者幸無幾人。但在他處捕殺者甚多。

姨太太隊　宗昌姬妾多至數十人，開軍閥界之新記錄。各人之身世，非出自青樓之人，即被強婚之民女也。其七姨太太袁素娥（譯音），為財政廳長袁××之妹，有才貌雙全之譽，頗得張之歡心。又聞其姨太太隊中尚有某國人，但不得其歡心。

為鄰訓子　宗昌衣錦歸鄉時，其鄰居老嫗有一子不肖，吃、喝、嫖、賭，樣樣精通，乃請其張大叔（鄉里之俗稱）面訓一下冀能改過。宗昌遂喚其子至，不問情由拉出槍斃，婦人聞而痛號，宗昌曰：「我給你教訓了，還哭麼？」婦人痛子心切，終日號啕索子，張無奈，給銀數十元了事。

張女風流　宗昌有姨太太，誘其長女與汽車夫通姦，暗結珠胎。事為宗昌所知，親斃其姨太太及車夫。而其女深為羞愧，不數日暗吞煙膏自殺，宗昌在退魯前以專車運平葬之。

選姨太太　一次宗昌獸性大發，醉心時髦女性，遂生一計，美其名曰「參觀某女校」，實為選妾問題。宗昌至校，大放厥詞，講後大分其鈔票，每生二十元，以博人歡心，但無人墜其術，遂掃興而歸。

山東教育　宗昌據魯後，以王壽彭氏為教育廳長。王為魯東濰縣人，是清季的狀元，據說其得狀元之來歷，為適逢慈禧太后之壽辰，因其名吉祥而得中。王主魯教育後，令各校加添四書五經為主科，背誦一如私塾，但不喜歡學生體育運動。某次曾訓令山東大學，取締學生打皮蛋蛋子（網球也），以免荒廢學業。省立各校之經費，時鬧恐慌，有時青黃不接，因宗昌盡用公帑於軍事，教職員發薪多不以現金，而所發金庫券、軍用票勢成廢紙。教職員不堪其苦，生活多不能維持，離職者多人，而山東教育成績不堪問矣。

疑燒省府　宗昌知戰事敗北，不可收拾，佔據三年有奇之山東，不能再事留戀，遂準備總退卻。時北伐軍急進，已佔領距濟南百餘里之泰安。民國十七年四月下旬，宗昌在督署內拉進數千隻煤油箱，及多量乾草。人多疑其退走時，火燒省府，以洩私憤，及退後省府並無火災。後經督署夫役口中傳出，始知所運之煤油箱及乾草，悉為裝現金鈔票之用，盡於夜間運上火車

北去也。（作者：永樂）

張宗昌禍魯記（下）

摧殘輿論　宗昌督魯時，各報館不僅不能說一句公道話，而凡不頌揚他的即被查封，或禁刊發，又言論不合他胃口的，亦有性命之憂。其摧殘輿論之最大罪惡即為在北京槍斃林白水及殺青島《公民報》主筆胡信之二案。山東各學校各機關各團體一律不准集會結社，偵探爪牙廣佈街巷，密查暗訪。一日，有兩人在布政司街浴德池洗澡，無意中談及政府不是，即為憲兵司令探知，派人來捕。幸看座者密告，二人方得脫網先逃。其他無辜被殺者，不可勝數矣。

屠殺百姓　汶上平民，受殘害壓迫至忍無可忍，乃團結起來，欲圖反抗。宗昌即派大兵剿洗，不論男女老幼，見人就殺，見房便焚。當時汶上屍骸遍野，莊村盡成灰燼，及今未能恢復。因不堪壓迫剝削，山東人民紛紛舉家遷徙出關者絡繹於途，慘痛可想。宗昌即對其部下或友人談話，一言不合，即被捕囚戮殺，殘暴慘無人道！

媚外求榮　宗昌為鞏固勢力計，甘為外人鷹犬。民十四，青島日紗廠發生慘殺案，宗昌極端壓迫，不許各報登載「青島慘案」四字。七月二十四日又暗受各廠三十萬元賄賂，次日大行屠殺。主筆胡信之及四方小學教員李某之被同遭槍斃，即因參加反日運動之故。北伐軍兩次進兵入魯，皆因日軍入濟而遭阻撓，實由宗昌之勾結而來。在後一次，北伐軍須繞道北上乃獲全功，而宗昌禍國之罪無可逭矣。下野後，宗昌赴日本一次，亦訂有密約，以圖死灰復燃。最後一次到濟，密圖舉事，亦預約外援。「慶父不除，魯難未已」，施用於此，最為的當。（以上工文輯）

糊塗政治　林憲祖雖名為省長，而宗昌之七姨太太常駐省署，監護印信，所有公事，均須得同意而後行，於中賄賂公行，政治黑幕，不言而喻。（根據鄭繼成口述）

生活奢侈　張宗昌生活的奢侈，是數一數二的，日用飾物，無不奢華至極。僅一頂貂皮帽子，便值千餘元，其他可想。據在其內宅充過奴僕的人說，他家裡天花板、木隔等糊的是花絲葛，地板舖的是外國絲絨毯，其他床帳被褥，一應雜具，也是極盡奢華之能事。就指當老婆的說，已不是中等婦女的奢侈豪華所可比擬的。他最寵愛的七姨太太有一捲毛狗，是三千塊大洋買來的，日食牛肉、牛奶、雞子等充足的食料，還有一個專門的狗奴為之看護。她裝裱一座樓房花了五六千元，一雙珍珠鞋值四五千元。姨太太均有副官一人、護兵二人、汽車一輛，其餘婢僕、廚役無數。統計宗昌在魯時，每年開支，比前任督軍多至二十餘倍。

強佔民房　軍隊一多，營房不夠住，勢非施行「殖民政策」不可。當時一些平民的住房、客棧、祠堂、學校、慈善機關的主人翁都被逐出，而讓他們軍人來住。窗欞當劈柴，門板權作床鋪，一應家俱，無不用之「應該」。或有人說：「軍人向來是兼愛主義的，別人的家就是他的家。」若要不使你家的男人充奴僕，女人充傭婦——甚或主婦，那還是好心眼兒的呢！

軍、匪、會三位一體　軍隊、土匪、幫會原是三位一體，表面上看來是沒有土匪，實際卻無一不匪；軍人綁票，司空見慣，一向未曾聽到「剿匪」二字。軍隊之多，不消說人民不知道多少，就是這位狗肉將軍他也沒有正確的統計。反正是不發餉，軍人的飯食粗糲得不堪下嚥，衣服舊爛不足蔽體，鞋襪穿破不得掛腳。雖然物質享受如此簡單樸素，然而他們的精神卻無時不是飽滿，隨時向百姓們敲詐。一向軍人購物，不用掏錢，甚或還可有錢找回來，原因是買幾大枚的東西，也要把一元軍用票找開，並且找回來的，非錢不可，是以商人無日不是愁眉苦臉如遇重喪。（作者：「魯民」）

大鼻子　宗昌招募白俄數萬人，分駐各重要縣城，泰山下駐有一旅。每人每月照例發餉，不稍拖欠，且係雙餉，當地人稱之曰「老毛子」，因全身多毛故也，又稱曰「大鼻子」。彼等除操演外，無所事事，終日酗酒狂歌，動輒強姦幼女，或老太婆。每於下鄉剿匪時，所過之村，百姓悉數逃避一空。某次，一老太婆竟為輪姦而死，實令人聞之髮指。夜間當地駐軍，輒戒嚴以免騷擾，問口令時，彼等於踉蹌醉夢中答以：「張宗昌大鼻子！」每年至聖誕節，大鼻子等必狂歡慶祝，演劇歌舞。有一次，記者混入，見有最特別之節目，即將中國舊式纏足婦女所著之紅繡小鞋多隻，引線聯穿之，披於胸前，束於腰間，叮呤噹啷，且歌且舞，意甚得然，誠奇舞也。

載道怨聲　宗昌禍魯四載，怨聲載道，「有口皆碑」。何以見之，有全省盛行的民謠為證。茲擇要錄出數種於後：

「學會掖縣腔，能把師長當。」「學會掖縣話，能把皮帶掛。」（蓋張本掖縣人，其鄉里親鄰，無論老少賢愚，有求必應，人盡可官也。）

「張宗昌，坐山東，山東百姓受了坑。不怕雨來不怕風，怕的是兵來一掃清！」

「張督辦，坐濟南，也要銀子也要錢。雞納稅來狗納捐，誰要不服就把眼剜！」

「也有蔥，也有蒜，鍋裡煮的張督辦！」

「也有蒜，也有薑，鍋裡煮的張宗昌！」

「弓長二小戴著帽，不到兩日就缺吊！」

「戴帽的二小張，不到兩日遭弓殃！」

將「張宗昌」三字拆開，張為「弓長」，宗為「二小戴帽」，昌為「兩曰」，「兩曰」音同「兩月」，意為日無多也。「缺吊」係魯南方言，意「掉差」也。

「老鄉見老鄉，兩眼淚汪汪，

你是扛子隊，我也沒有槍。」
「老鄉見老鄉，兩眼淚汪汪，
你穿的爛棉襖，我穿的破軍裝。」
「老鄉見老鄉，兩眼淚汪汪，
你是吃的小米麵，我是吃的紅高粱。」
「老鄉見老鄉，兩眼淚汪汪，
你家裡有個好老婆，我家有個老親娘。」
「老鄉見老鄉，兩眼淚汪汪，
你是六月沒發錢，我是半年沒關餉。」
「老鄉見老鄉，兩眼淚汪汪，
人家吃的大米飯，人家喝的牛肉湯。」
「老鄉見老鄉，兩眼淚汪汪，
你拿盒子炮，我架機關槍。」
「老鄉見老鄉，兩眼淚汪汪，
你拿小舅子褚玉璞！我拿老丈人張宗昌！」

「拿」者，意活捉也。各歌謠見山東省民眾教育館編集之《山東歌謠集》內。（作者：「泰山老人」）

張宗昌之奇聞怪事

張宗昌之軼事，遍傳人口報上者多矣，經本刊之搜集，尚有多則為人所罕見罕聞者，匯合編之，續成此篇。

兩個壽場　宗昌督魯之翌年，逢生母壽辰，後夫賈家慫恿其母曰：「僅設壽場於張家，是目無賈氏，輕賈氏即輕母也。」母果召宗昌申斥之，不得已乃設壽場兩處，一在督署，屬張氏；一在財政廳，屬賈氏。然送禮賀壽者先均送督署，母大恚，宗昌乃令僚屬各補送一份與賈家。（作者：工爻）

雪恥有術　當直魯聯軍退回大江以北時，宗昌頗有「大勢已去」之感。其母在徐州，適當地豪紳等請客，母亦赴宴。席上有鮮荔枝，張母固不知剝殼手續，連殼囫圇吞食，一時傳為美談。後為宗昌所聞，設法挽回面子，遂設席大請其客，特囑廚師專製荔枝形狀之糖果奉上，張母仍從容自若，囫圇吞食。席間客人固不知為特製糖果，仍欲剝殼而後食，反為張母子所譏笑，前恥一雪。

一字之誤　張之鄉親數人，抵濟求官，張於倉促離濟督戰時召見，並立即下手諭「全派執法處」，遂出征。至張返濟時，副官面陳執法處已監押各犯無一脫逃者，張茫然不知所云。副官一再詳述捕時經過種種，張詢以何故濫捕之，則答以係督辦命令並出手諭以證，張始恍然發覺「全派」誤書為「全抓」，致出此笑話。

《三國誌》軍歌　宗昌恒自擬《三國誌》人物，故當時軍歌，全部以《三國誌》故事而編。茲錄其歌之首段，可見一斑。詞曰：

「三國中，有個曹瞞，親自去出征，大下江南，領人馬八十單三萬！」

「三國戰將勇，首推趙子龍，長阪坡前稱英雄；還有張翼德，當陽橋上橫，喝斷了橋樑兩三孔！」

臨退倒霉　國軍北伐，張軍屢戰屢敗，十七年退至德州時，仍思背城借一，作困獸之鬥。於是集合殘部，由宗昌親自點名，按名發餉現大洋六元，復演說一番，請各位老鄉幫幫忙，說時聲淚俱下，數萬人均為大洋所動，大有願為拚命之意。蓋張部向不發餉，偶發亦是不兌現之軍用票，及山東省銀行之鈔票。此種票子信用極差，折扣亦極低，一出其勢力範圍之外，即成廢紙。一般丘八，除穿一件破軍衣，吃一點雜糧黑麵外，從不見大洋之面，一旦「袁頭」到手，真是喜出望外。拿了大帥的錢，自然要同大帥出力去拚命打一打了。不料正在那天，吳俊升到德州來和張宗昌商議軍事。吳大舌頭（吳之綽號）、張大個子兩位大人物，在專車上商量了一會兒事情，商議完了，來點兒餘興，叫了許多土娼來專車上大玩一氣，事後給她們每人大洋一百元。下車之後，土娼驟發洋財，逢人就說。這個風聲，吹到一班丘八老爺的耳朵裡去，登時就軍心大變，把剛才所打的那針嗎啡的力量，完全取消。大夥兒紛紛議論說：「咱們賣命的，倒只到手六塊錢。她們賣×的，一下子就是一百。咱們的命不是命哪？×他的奶奶！誰再跟他賣命，誰就不是人，是小舅子！」一唱百和，誰也不肯幹了。國軍一到，張部即瓦解冰消，潰不成軍。好在他的專車，南北兩面都有車頭的，勢頭不對，立刻開足馬力向後轉。連累了南面車頭上的那位司機朋友，只好多加辛苦，大開其倒車了。（作者：閒人）

自食其報　宗昌在魯聚斂金錢奚只數千百萬，悉存於大連日本銀行。下臺之後，宗昌往銀行提取存款，日商均以事前賤價收買之張宗昌本人所發軍用票、省鈔票照票面價值付與，時已成廢紙。宗昌不能計較，惟大叫「上當」。不僅其個人如此，凡其部下之貪官污吏所刮之錢亦多數存於日本銀行，無不大吃虧，前教育廳長王壽彭亦因此而氣死的。（作者：工爻）

淫惡補錄　民十三年春，宗昌帶領奉軍下江南，駐節江寧。一日遊公園，邂逅陳氏姊妹，饒有姿色，當飭侍從兵士，劫之回營，同姦之。翌日訪諸其家，敬拜如新親，然陳宅遭其兇殘，半推半就，不敢拒亦不願認，只好赧顏酬應而去。一時傳遍滿城，所有婦女，均相戒不敢露面以避其鋒。後在北京，顯宦莊某、袁某等妻女均遭此辱。

是年春省長熊炳琦出走，由山東財政廳長×××氏升代省長職權。旋聞宗昌督魯消息，×氏驚異不知所之，頗不安於位，復思戀棧，兼籌保全之法，由×氏之夫人、小姐彩詣督署賀喜，兼致殷勤，詎料人面獸心的長腿將軍，竟於不客氣中一禮全收，暢其獸欲者三日夜，始放行歸家。×氏全家羞憤難當，遂悄然赴津，作其綠頭巾之寓公生活。

宗昌督魯三年，凡兵興與節令，或壽辰，皆須紀念，又須擴大盛筵，迫邀南北名伶，晝夜演劇。真是金吾不禁，大開方便之門，施其偷香竊玉之技。在廣眾之中，物色美女，美而佳者姦後留備妾媵，美而次者姦遂或斃之以滅口。多有觀劇後，不知其妻女之生死何之者，亦只好啞吧吃黃連，徒叫苦耳。（作者：柳笠庵）

（原刊《逸經》第六、七期）

我殺死國賊張宗昌之經過詳情

鄭繼成

張賊宗昌禍國禍魯，殘害人民，罪惡滔天，真是罄南山之竹難以盡書。凡我山東全省人民，凡我全體革命同志，凡我愛國同胞，沒有一個不切齒恨他的，而我與他更有不共戴天之仇。緣在民十六年秋間，張宗昌等直魯軍大舉侵豫，先繼父鄭公振堂奉馮總司令任為第二集團軍第八方面軍副總指揮，兼援魯軍副總司令職（總指揮兼總司令為今皖主席劉鎮華氏）。劉分一部分軍隊與先父（鄭金聲）統率，駐於曹縣，以抵擋魯軍。不料此部之軍長姜明玉，土匪出身，賊性未改，暗受張宗昌賄買投降，即以縛送先父至魯為交換條件。先父遂於十月十四日被其扣留，押往魯軍劉志陸處，轉送至濟南。各方故舊均去電求張保留其性命，張賊一一答應，允予優待。但未幾，張賊得接前線報告，全部大敗，幾至覆沒，乃遷怒於所俘將領，即下令將先父及馬軍長祥斌（第一集團軍的，前被張敬堯欺騙拘捕者）二人就地槍決。先父遂於十一月六日在濟遇難，其祕書長丘中度隻身脫險，逃回馮總司令部報告，乃得知其情。殺死俘虜將領為不合法、不道德之舉，故我與張賊宗昌成為不共戴天之仇。

事後，我祕密使人回濟尋覓先父屍骸，花了運動費三千元始得領回。屍骸於生前被其殘害：頭部由左眼眉起至右耳下止此一段已完全沒有了，右背之上段及右肩全部都沒有了。真是慘無人道！幸而先父生前留了長鬍鬚，又仍有個人衣服在身，故尚可辨認得出。我的仇恨愈深了。

先父被害後，在魯家產亦全被張賊收沒（至今仍未完全恢復舊業）。因張賊仍盤踞山東，我是濟南人，無家可歸，乃將全家數十口遷逃於天津租界以避其鋒。在那裡租了一個小樓，月租二十餘元，地小人稠，人人每夜只好席地而臥，困苦不堪。哪知道張賊想鏟草除根，又要祕密捉我。至此時，我得此消息，全家老幼哭天叫地，真是欲生無路，欲死不能。張賊唆使直隸督辦褚玉璞祕密捉我，先照會英國租界當局，將我住所包圍搜捕，可巧我此時不在家，自此我便不敢住在家中，一日數遷。我自己另在日租界賃了一個樓躲避，門外貼上王姓字條，但又被探著，我一得消息即便逃出。後來有一銀號經理真是姓王的，轉賃此樓偕眷居住，門外王姓字條也就沿用。過不幾天，那姓王就被人暗殺了，白做了我的替死鬼。一想起來，我真危險！不久，張敬輿（紹曾）先生在津又被暗殺，我全家老幼更嚇得魂不附體（因此時我與張先生共同擔任革命祕密工作，故有唇亡齒寒之感），日夜不得安眠。吾母乃日夜催我速離天津，以免落在賊手。可是那裡有錢來作路費？萬不得已求親告友，湊借了數百元，將家眷轉托親友關照，我即乘外國輪船離開天津，繞道大連、上海，轉南京而往河南開封見馮總司令，得蒙發表參贊名義，隨軍擔任北伐工作。

北伐成功後至民十九年，我始得同全家老幼返回山東歷城原籍，為先父治喪。臨入土之時，我在靈前跪地痛哭，大聲哀叫：「吾父生前為賊所害，必不瞑目。為兒罪在自身，有生之日，誓報此仇。至時望吾父在天之靈，賜兒一助，兒當追隨吾父至九泉。今日入土，吾父你早日瞑目吧！」自對亡父立誓以後，尋機報仇之念，無時或息，常覺父仇一日不報，為人子者實無臉偷生於世間。

自國民革命成功後，山東省政府及國民政府均先後有令通緝罪大惡極的張賊，可是因種種關係，他仍然匿居北平，逍遙法外。二十一年九月二日，張賊突然來濟，同行者有參謀長金壽良、祕書長徐曉樓、副官長程鎔、李文徵、承啟處長劉懷周及隨從二十餘人，住在石友三的家裡。他這次返魯，表面上是以回掖縣本籍掃墓為名，但其實是懷有很大的陰謀毒計。原來他先派人運動好劉珍年部下的團長倒戈，他去電請劉珍年到一處地方相會，準備在此殺死他而奪其軍起事，重據山東地盤。不料劉珍年知機不復，張賊等了多時，知事不諧，即詭稱母病，得北平急電，中止返籍而提前北上。

在此時期，我已得韓主席向方聘任為省政府參議，全家都回濟居住。自聞得張賊到濟後，輾轉不安，一夜之間先父亡靈來驚告數次。次早起床，更覺不安。早飯後，內人看見我神色不對，即勸我到慈善公所玩玩。此公所設有呂祖壇，正當開沙（扶乩）之日，我也隨眾玩玩請訓。我請得龜將軍臨壇，在沙上現出兩句云：「魚耀門庭多瑞靄，保爾得登九重淵。」一時心事湧起，報仇之念大作。時已下午三點餘鐘，我方行回家，走至大街上，突聞賣報的高喊「張宗昌奉母命今晚返平……」。聞訊之下，自思「此次真是千載一時的機會，若教張賊走了，再有何面目偷生為人？」急急返至家中，叫內人快開飯吃。內人云飯尚未妥，請我先吃點酒。我即在書桌上一邊吃酒，一邊寫兩張信與韓復榘主席，說明國賊張宗昌與我有不共戴天之仇，及我與賊同死之決心；但因出事在山東範圍內，故請其原諒。寫好信後，看手上錶已是六點稍過。因為火車六點三十分就要開了，不能再誤，我即到房內將兩枝槍帶好（一是盒子炮，一是小槍），把手錶脫下並絕命書統交給內人，吩咐她待我走後過十五分鐘，即派人送書與韓主席，並告知她殺賊目的，匆匆間說了幾句訣別的話。內人李書雲並不難過，也不哭泣，反用壯言鼓勵我說：「務要殺死賊人，但小心為要！」又說：「你的槍插在腰間，肉太吃苦了！」隨給我一條手巾，將槍包好。像這樣知書識理、深明大義的女人，真是巾幗丈夫！

我即走至前院叫陳鳳山等三人隨同出門，並給陳以手槍（盒子炮）一枝。門前有一汽車行，我即雇了一輛，登車向石友三公館而走，到時已六點十六分了。那時，石宅大門關閉，不似有客的樣子，我即問崗警，據云：「大家已往津浦車站，如你要送張督辦，還能趕得上。」我即命急開車赴車站。至附近之處，我恐人多著眼，易被人看破，即命從人下車。惟陳鳳山一人不願離開，因其看我神色不同往日，心知有異，堅問我有何事。陳鳳山原係先父的舊部，少小跟他出身，隨我共甘苦、同患難也有十五六年。我知道他忠勇義俠，又見他很堅決緊隨，不願離我，乃對其說明此來非殺張宗昌不可。他說：「殺張宗昌，我自己去殺，你可不要去。你要是一旦有危險，家中幾十口人，老的老，少的少，將來如何得了？」我即說：「雖然如此，但你自己恐難成功，就是成功也恐師出無名而結果無辦法也。我決不能顧慮家事，將來我若死了，就不了了之。」他隨說：「那我也得與你同生死。」我說：「好！」於是一同進車站。

張賊登車後，即請各送車人員到客廳車上暢談其此次到濟目的及中止返籍原委。時開車時間已近，送車者紛紛下車。那時我同陳鳳山剛跑進站，瞥見張賊在車上與眾人言別。我見時機已迫，即急急走至其車前，混入紛紛下車的送客者之間，陳鳳山在車之西頭，我在車之東頭（濟南車站東西向）。時六點二十二分，離開車的時間只有三分鐘，張賊站立在車之西頭車上與送客告別，陳鳳山即出槍擊賊，一槍未響，張賊大叫「不好」，回頭往車內逃跑。車前送客的人均四散五逃，陳鳳山隨即追上車門去，又射擊一槍，又未響。張賊急開東頭車而逃，陳鳳山已追上，再擊一槍，亦未響，即被從張賊同來之劉懷周在車中抱住，鳳山極力掙脫緊追。時張賊已開車東頭之門，下車向北逃跑，陳鳳山在後追趕。張賊隨從等在陳鳳山身後追趕，向鳳山開槍，鳳山正被鐵軌絆倒，彈從身上飛過。我一槍將張賊的承啟處劉懷周打倒，隨手又一槍將張賊擊中於第三站臺北崖，張賊應聲而倒斃。陳鳳山立起後，又對張賊宗昌頭部上擊兩槍，即結果了該賊張宗昌之狗命，屍首橫陳於第三站臺北崖之第七股道上（距離我放槍擊死他之處約七十米遠）。

先是，陳鳳山之槍因多時不用，三發不響，及因跌倒一震之力，槍彈連發連響，真是巧極。我因先父生前慘被張賊殘害至頭部上半沒有了，所以預早決意必要在張賊頭部擊死他，並以此意告陳。我先發那槍就擊中他的頭部登時喪命，倒斃鐵道上，把手腓也壓破了。後來陳鳳山趕上，又向他頭部連放兩槍，更把他頭腦打個稀爛，可謂因果循環，報應不爽了。

還有一件事可為記述的，那就是當我們殺張賊時，我倆共放了不過七槍，而同時車上槍聲竟連續響至百餘發之多，如在戰場。原來早就在車上埋伏候機刺殺張賊者還有多起：一是其部下曾被其殺害之某將軍之三姨太太，密購死士，為夫報仇，是日親自指揮六人預定在車上行事；又有被其殺害之×將軍及××等之家人亦皆有人在車上佈置。不料竟被我先得機會。各人一見事發，即在車上開槍助威及助戰。如果張賊不死在我手上，也無倖免之理的了。至陳鳳山當初在人叢中開三槍擊賊，如果槍響，不唯誤傷斃車上之中外乘客，則或許惹起困難問題，三發不響，而一響即行成功，真是幸事！張賊本來隨身帶了手槍多枝，有一枝確在石宅被石友三取去，但其餘則放在手提小皮包內。因為他有種種謀為不軌的祕密要件和電報密碼都在皮包內，所以他連槍也鎖起來。至臨急之時，不及開取抵禦，只得空手而逃，毫無抵拒能力。這真是罪該萬死，「天奪其魄」了。

當我擊倒張賊之後，其便衣隨從七八人紛紛下車向我放槍。我隱身於站臺洋灰柱子之後，奮勇應敵，當場又給我打傷三人。他們一聞張賊倒斃，始分行逃去。我從後追趕，直至客廳已不見他們蹤影，我乃停追。統計我與陳鳳山二人是次共發子彈七粒，除死張賊外，尚傷斃其隨從四人，其餘人等一無損傷，亦算幸事。

我回到站上，即投赴鋼甲車前之執法隊自首，即被捉住。起初，車上士兵以我為亂黨施行暗殺，即將我按倒在地上，拳腳交加，更以槍托亂擊，打得我遍體受傷，肉爛血流，全身沒有一塊完整的皮膚，上下衣服也都被打碎了（後來在獄裡經中西名醫療治，經過二十九日才得痊癒）。幸而當時程司令希賢趕至，喝住眾兵，車站軍警就將我背手緊緊的綁起來（數小時之間，我的手全成黑色，已失知覺）。當時，我立在站臺上大聲宣言：「我名鄭繼成，鄭金聲係我叔父，我過繼他為子。我殺死張宗昌，一為革命增光，二為黨國增榮，三為山東及全國除害，四為我父報仇。」當時車上乘客均鼓掌如雷，深表同情，並有一人身著白色學生服裝，年紀不滿三十歲，下車對著我大呼：「鄭先生，你真大英雄，大豪傑！中國不亡者即在於此！」呼畢，又上車去。我即被押至車站候車室。

張賊被殺後，消息傳播迅速，不一時湧到車站圍觀者有數千人之眾。張賊祕書長徐曉樓隨程司令希賢走進軌道前，出洋五十元交程，程乃招人抬賊屍云：「張督辦也是你們山東老鄉啊。誰願抬他的，得洋五十元。」觀眾紛紛大聲說：「多管閒事！五百元也不抬，五千也不抬。」這可見我們山東人怨恨張賊之深了。當時忽有人大叫：「快閃開！火車來了！」眾人一哄而散，張賊之屍卒無人肯抬，後由駐站的軍警受命令而抬至濟南日本醫院。

至晚上八點餘鐘，車站秩序恢復，我即被送至第三路軍法處。韓主席有令云，我是自首投案，不要綁，先押起來明日再問。次日，軍法官要押我到省政府，可是我全身皮肉都爛了，疼痛難堪，摔倒在地。不得已乃由數人扶我上汽車，直押至韓主席那裡。我對他說：「請主席原諒我吧。我誓與賊同死，非止今日。」他說：「這是行政機關，不能辦理此案。現已經打電報告中央請示辦法了。」我說：「請主席先把我的參議一職開缺，即送我到法院去打官司，我十分感謝。但我有一樣要求：張宗昌是我最先一槍殺死他的，陳鳳山跟我前去開槍，但殺人的是我，陳鳳山無罪可言，請主席把他釋放了。」他即時慨然允諾，並誇讚我為大丈夫、好朋友，此次就是死了也值得的。

第三日，我即被送到濟南地方法院。經檢察處開過偵查庭三次，復經審判處開庭三次，就判了我七年有期徒刑。當時審判推事說：「你如不服，可以上訴。」但我早立誓與賊同死，今已殺國賊，已報大仇，已了一生大事，死而無怨。法律判決，我甘服從，並不上訴，於是即到監獄受刑（審判程序太長，已見當時各報，現不贅述）。

張賊死後，全市棺材舖均不肯賣棺材給他。後來，程希賢司令對我說笑云：「紹先（我的字），你殺了我的爹了！」我問：「什麼事？」他答：「你把張宗昌打死，沒有人收葬他，連鞋子、衣服、棺材也買不到。經我多方設法才找得一副，白替他做孝子，你不是殺了我的爹嗎？」張賊身材魁偉，平常棺材也不合他用，剛有一副大棺材是在多年前張賊來魯時一家舖子做下的，剛合他用，卒為程輾轉買得，也是巧極。後來，張賊棺木停在安徽鄉祠，竟有人想放火燒他的棺木以洩憤。各方安徽同鄉又打電去抗議接收其棺木，主事的人怕惹出大事，不敢再許其停在那裡。張賊家屬急請其舊部祕密運平，這事才算了結。

自從我的案子移歸法院依法律辦理之後，各方幫助我、營救我、安慰我的真是多不勝記，真令我感激之極。第一、蔣總司令來電當局云：應照法律手續辦理；如科罪太重，再援特赦條例辦理等語。真是我的大恩人。在我坐獄期間，韓主席又接濟我的家屬，也令我難忘記的。本省各級黨部、各團體、各機關、紳商學報各界與曾被張賊殘害者之家屬紛紛努力援助。本地律師十餘人都願義務替我打官司，由他們推舉三人出庭辯護，其餘從旁贊助。各省各界來電來函努力營救或安慰我，知名與不知名者共數千。在被押期間，各民眾團體及各方人士所送食物計值不下萬元。有一位先生來信云，能幹這大事的定必是大英雄，大英雄定必好飲酒，所以他特托人到山西買了兩瓶頂上汾酒送我。又有一位自稱姓趙的送二萬元現洋到我家裡，內人拒絕收之。後來又有一人稱姓李，云奉馮總司令命送銀四千元到家裡去，內人見是自己上司送來的就收下了。我去信多謝，但是馮總司令覆信云，並沒有叫人送款。我懷疑這仍是頭一次送二萬元鉅款的人化名用計送去，可是後來見著他，他又自認姓王，並否認其事。像這種俠義而不居其名之人，真是難得之至。又有一位曹中直先生來函，願變賣家產四十萬元助我打官司，確是當今義士。此外到監獄裡慰視我的每日有百餘人、數十人不等，多不相識，有自外縣外省特來的，七個月之久，日日無間。中央委員陳立夫、程潛、柏文蔚等及國民政府孫院長科、李委員烈鈞、陳委員長樹人、薛委員篤弼等數十人，均屢次請求特赦。結果到二十二年三月，國民政府下令將我特赦無罪省釋。我自是出獄，得復為自由之人。事後又蒙本地各團體開會歡迎有十餘次之多，各方各界來函電賀我的不計其數，皆令我感激萬分。

繼成一介武夫，雖未嘗學問，但恩怨分明，自幼受先父庭訓，及長又得馮總司令的教練，只知矢忠矢勇，愛國愛民，鋤奸殺敵。此次為國殺賊，為民除害，為父報仇，早願與賊同死，何期得各界人士的救助，及邀國家的大恩，竟蒙特赦，真是九死一生的萬幸事。國賊果死在我手，我一生已夠本了，此後餘生，皆是國家與人民賜給我的多餘的利錢。這裡所書數言，僅是略表個人感激之心。他日有犧牲為國為民的機會，便是我感恩圖報之時了。

民國二十五年五月四日於上海旅次

（原刊《逸經》第七期）

沈鴻英的孽賬

柳與西

嘗憶余少時，每哭，母必甘言慰撫，弗止，則必曰：「沈馬英來矣，胡尚哭耶？」聞言大駭，即趨附母懷，緊抱母，哭亦隨止。又常見鄰嫗，亦以余母治余之法以治其子女，及今思之，當年幼稚之可笑。然處當時，一聞「沈馬英」三字即覺驚駭不勝。然沈馬英者究為何物，竟有如是之可畏者？然一聞即覺其可畏，一若母氏之所謂虎，實則虎之為物，亦未曾睹，乃由家中所豢貓類而推之（蓋吾鄉目虎為「大貓公」），並及於所謂「沈馬英」，遂覺其可畏。及今思之，彼時愚癡之可笑，而當年「沈馬英」之可畏，誠有其可畏處也。

所謂「沈馬英」者，即余茲所述之沈鴻英。馬英，沈氏為草寇時之名，受撫之後，易「馬」為「鴻」耳。沈廣西之雒容縣人，少失怙恃，性頑劣，童時已有惡少之稱。及長，輒與市井無賴游，嘗流落於鄰邑融縣之長安鎮。長安對河有地名東墟，墟有某氏豢牛甚多。馬英思欲盜之，夜入其居，盜一牛出，以茶木力刺入牛下部，牛創痛甚力奔，比曉抵於柳城縣之大埔墟，為程蓋百有餘里矣。即係牛郊外，而乞傭於一團總家（團總即該地之土豪），團總某憐其貧，納之。馬英陰以其牛售於屠戶。事發，牛主控於有司，偵悉捕之，馬英曰：「牛主失牛為某夜，余傭於某氏家固為翌日之曉，牛固行甚緩者，安能以一夜間走百數十里耶？此固知余牛之非其牛也。」有司直而釋之，其計遂售。馬英盜心之起自此始，其為盜亦自茲始。

清光緒末，政治紊然，群盜蠭起。時馬英糾集同黨窟居於融、柳邊境之李四洞，無以為食，乃四出劫掠，後乃創「綁票」新法，將融之一富農黃某架而去之，索價數千。黃老而胖，架時以轎至巢，黃憂傷勿食，馬英日遣徒與之為葉子戲解其悶，食必飲以肥甘。價定，馬英使徒帶至融市，乃以金不足，憤而再縶之去。時融、柳間盜雖蠭盛，惟只於劫掠財物，未聞有此「拉參」之舉，故驟聞之，閭巷間人輒為之色變，且馬英擁有匪徒數十、步槍十餘，官警庸懦，莫如之何。鄉間婦女，被其污者不可數計，其妻何氏（前沈部師長何才傑姊），亦由「拉參」而來。而何氏之前，融之黃陵村有某氏女，色甚美，字於某家，將舉婚而為馬英擄去，寵之。後女以事歸家，父母為之遣嫁，馬英無如之何。及受撫，馬英過融，招女謂之曰：「余愛汝甚，何舍余而別去者？」願以金貸其夫，攜之營中，女不可，馬英無如之何。然思慕甚，常遣人以其劫掠所得貽之，女輒辭退。馬英好色，妻妾多人，然所過處輒遣人搜羅城鄉婦女，或以利誘，或以威逼，被其污者遂不可勝計。

陸榮廷奉命招撫，馬英從之，出為管帶（約如今之營長），駐柳州。時革命先烈劉古香失敗，匿居柳州，沈鴻英乃慰之曰：「有我在可無懼也。」居之於營，豐其飲食，劉以為幸，乃沈陰電陸氏，劉遂被害。沈遂以功升統領，陸更厚遇之。此後沈之屢得晉擢，以此始。

沈得志，大興土木，於其故里雒容建居宅家祠，巍峨為一邑冠，題其家祠匾額者，乃為陸榮廷，今之過其居者猶見之也。民十孫總理令陳炯明率師入桂，時沈為桂林鎮守使，見陸氏勢失，乃率部入湘轉贛，投於吳佩孚。時吳方欲用兵西南夷革命勢力，助以餉械，擢為援桂軍總司令，加鎮威上將軍銜，使入桂。時桂人怵於戰禍，求治之心甚切，而在桂之陳炯明部與劉震寰部有隙，桂局未奠，土匪騷然；聞沈歸，以其兵眾力厚，能重奠桂局，故桂林民眾大喜，咸於戶榜「萬家生佛」四字以歡迎之。時陳炯明叛變，總理檄師援粵，沈應命與桂之劉震寰軍、滇之楊希閔軍，會師東下。及至粵，沈為陳所賄，反戈，為劉、楊軍所敗，退入桂之平樂、賀縣。而桂局因劉、楊等東下，空虛，陸部舊人如韓彩鳳輩，電請陸氏返桂。陸自滬假道安南至邕，並赴桂林勞韓部。沈以圖粵未逞，改而圖桂，乃率兵攻桂林，與陸、韓相持數月。城中糧盡，人民哀請陸、韓離桂以息兵爭，沈得入城。當沈之攻桂林時，以城堅未易攻下，乃喻部屬曰：「願諸君勉力，苟能克之者，准予『發洋財』三日。」故沈部入城，大肆劫掠，婦女之受污者萬餘，至今桂人言其事者，猶為之色變也。

沈攻桂林之日，李宗仁、黃紹竑奉南方政府命組定桂軍，乘虛入邕。而沈軍因圍攻數月，死亡甚眾，而彈械亦漸竭，力遂弱，嘗敗於李、黃部。及民國十四年，唐繼堯遣其弟繼虞率黔軍入桂，集重兵於融縣三江，沈與之合。乃黔軍以氣候不適多病，益以居民逃散一空，糧盡，退走宜山、百色入滇。沈失利，率眾橫竄至平樂、賀縣，屢為黃紹竑軍敗，與其子榮光匿伏山岩中，得該地一土豪某導之，乘船自灕江下梧州。時緝捕甚力，沈化裝為一堪輿家，手攜羅盤，至梧，泊於梧州下之某處。將夜，沈假寐船中，聞舟子互語：「人之窮通實難說，今居舟之數客，焉知非來日之貴人。」沈聞言駭，陽謂聞此間有一佳城，頗欲相之，遂挈子及某登岸，逃而出桂境，繞道至廣州，寓一旅舍中，伏居不出。一日，因結帳以錢交掌櫃，掌櫃見而呼之為「督辦」（蓋沈曾任某某督辦），沈故作愕曰：「余商人也，汝何故呼吾為督辦者？」掌櫃曰：「余久居賀縣之八步，固甚識督辦也。」沈聞言驚，即挈子及某逃香港。

沈至香港，以其搜刮所得數十萬，於港之新界建一「上將軍第」以為菟裘，並購田若干畝，收集其祖父下之族人同居。自此專務實業，野心遂息，日遣其妻妾率引族人耕耘田畝。居恒亦力從儉省，粗食布衣，客至始偶宰一雞，且必留其半，為翌晨待客。嘗謂客曰：「余獲嘗雞肉，托君之福也。」人奇之，曰：「吾家人眾，食必宰雞十餘頭，否則余一人豐饌，亦殊不樂也。」其一反前時行為，有如此者。

沈晚年佞佛，常至港之岑灣某寺頂禮。然好色，得血管爆裂病，雖治，亦旋癒旋病，前年乃入寺靜養，終以病發死。死後，沈家報告遺產，計二十萬，遺囑以五萬予伯叔後人，五萬予兄弟，十萬予其子，但多係不動產，且囑不許變賣，留為後人教育撫養之需。又沈生前於宅旁購一大園，遍植果木，中為生壙，囑死後葬其中，果值所入用為歲歲祭掃其墓。沈草莽出身，橫行數省，殃民禍國，而晚年竟能一反其所為，有如此者，其所以較張宗昌輩得獲善終，亦以此歟！

（原刊《逸經》第三十三期）

庚子軼事

董作賓

清光緒二十六年庚子之亂，是中國外交史上的一大玷污，直到現在，我們永也忘不掉的一個沉痛的國難。當庚子那年，我才五周歲，大致還記得一點。我家在南陽，南陽也是當時鬧教案的地方，彷彿記得我們小時玩的小洋畫兒，都被大人拿去撕毀，並且燒掉了。據說這些東西都是精怪，都會活的，是洋人們把來害中國人的東西，有些帶翅膀的小洋人兒，曾飛在一家的樹上，它的身體被樹枝穿破了，破處顯著新鮮的血跡。天主堂把中國的小孩子整個裝入玻璃瓶內，有些把眼睛、鼻子、耳朵剜割下來配藥。這一類的謠言，真把我們小孩子嚇得毛骨悚然了。

庚子之亂的主角，自然是義和團，我們那裡也有。記得有一次北隔壁高宅（當時的巨紳）設立拳壇，學習者乃是一個十五六歲的少年，他焚香禮拜之後，兩手合十，夾著一炷燃著的香枝，口中唸唸有詞，忽倒在平地，向四處亂爬，以口掀地，唇上粘了許多泥土，據說是豬八戒附體；另一個是孫悟空附體，又要金箍棒，又要上樹，據說下來了神之後，力大無窮，十八般兵器都可以隨便使用。那時我是一個才記事的孩子，也曾擠在人叢隙裡看熱鬧，人家姑妄言之，我也姑妄聽之而已。同時也有一種紅燈照，可是沒有見過。

春間在河南安陽小書攤上看見幾本日記，有一冊題著是《庚子日記》，下面註了一行「此本最要，切勿毀失」。翻了一下，果然有些重要的史料，裡面記著作者在天津時，適逢拳匪之亂，作者是個有心人，把當時社會上不安的情形、拳匪的行徑、戰事的始末，都記得非常清楚。作者姓汪，名桐采，這是從印章上看出來的，但不知是何處人氏。有時在日記中也見到他自稱桐翁，好罷，我也叫他桐翁罷。民國十二年，是桐翁年七十三歲，是他的第二甲子，現在若還在世的話，已經八十五歲了，也許此公早已作古了。

我對於義和團，曾有一點影子，所以看他這本日記便覺非常有趣。固然，現在五六十歲的老者，如果是記性好的人，總可以有頭有尾地給你談一些庚子遺事，可是見於記載，那就難能可貴了。桐翁的《庚子日記》中，記義和團、紅燈照，都是很親切、很真實的。例如五月十七日云：

> 十七日，丁巳，晴。在南閣下遇義合拳廿餘人，著紫花布衫褲，紮頭、繫腰、裹腿皆用紅布，足穿皂布靴，左手抱單刀，二目直視，結隊急走，前有一人執帖。聞是赴各處拳

場拜客，城關皆有，亦亂民之流亞也。

當時義和團在津橫行之狀，亦見於十九、二十、二十二等日記：

十九日，己未。午後謠言四起，合街閉門。拳民肆行，路人有跪接者。

二十日，庚申，晴爽，微風。街市閉門，人心搖動，甚於昨日。拳民各處肆行，殺人如戲。並赴各官署滋鬧，任其所為，索馬數匹，皆為奉上。拳壇索官兵差遣彈壓，亦不敢不派，諸事皆多費解，良可怪也，豈裕制軍不省人事乎？

二十一日，辛酉，晴爽，有風。拳民據四門，多人把守，出入之人，皆嚴行搜查。

二十二日，壬戌，半晴陰，大風土。消息愈緊，炮聲隆隆不絕。葉植初晚間來，曾親見拳民二千餘人，由曹老師帶來。又見幼女十四人，衣履皆紅色，行走手不停扇，年歲約十齡左右，內有一人稍大，約十八九歲，即所謂「紅燈照」也。二更後，天沉陰，霏雨。四門皆有拳民把守，為首者張姓，自稱天師附體，將運司綠轎抬去乘坐。本縣阮大令為拳民驅逐，幕友、家人逃散一空。獄門大開，囚犯皆出，肆行無忌，為所欲為。官則深藏不出，人心搖動，舉國惶然。

此日上有眉註，云：

此非張德成，乃又是一人。遇運司楊□□於陸氏門前，叱令下轎叩首，將轎坐去。楊大人暫至陸宅，另轎回署。令人噴飯。

桐翁親自看見的「紅燈照」，也有詳細記載。

〔五月〕初九日，己酉，晴爽。是日亂聲尤甚，風聲鶴唳，人心惶惶。晚間空際紅燈遍佈，真怪異也。

十三日，癸丑，晴和。二更歸來，在中營前望見紅燈在西方偏北，約高過城三倍，朗若巨星，時上時下，亦或橫行，皆徐徐移動，所謂「紅燈照」者是也。怪異之事，近於邪教，恐非吉兆。

又記「紅燈照」之黑幕云：

奸盜邪淫，無所不備，紅燈照專擇十五以上者，於夜間教之，該死已極。

此六月廿七日所記，時桐翁已避亂居靜海，謂其地「義和團肆行，與津中相等」云。桐翁記天津焚毀教堂的情形，也很詳悉。焚教堂是五月十八日的事，所焚有東街、鎮署前、西門內各教堂。十八日記云：

十八日，戊午，晴熱。……三更後，忽聞人聲鼎沸，登房環顧，見東方火起。乃因東街教堂有人暗入，經阮大令詣驗，見有炸彈一具、亂柴兩堆，急上院面稟。好事者趁此知會拳師，竟為縱火焚毀，並將鎮署前、西門內各教堂同時焚燒。傳聞不延燒民房，未知確否。

十九日，桐翁曾親到教堂查看，在其日記中有：

天明始歇，稍睡即起，往看西門內教堂，果未延燒民房，亦屬奇怪！惟東街之教堂，熄後經人復燃，致連燒鋪民十餘家之多。

此上有眉註云：

有曲為解者，謂因有人以穢潑救，以致破法，實狡詞也。

據桐翁所記，天津並無屠殺外人之事件發生，僅見有外人被毆而受傷者，這是五月初六日事：

初六日，丙午，晴，有風。平夕，見有受傷洋人，男女共十餘人，坐洋車從門前而過，詢係蘇家橋焚掠教堂，被拳民所毆云云。

桐翁記天津拳亂始末頗真切，起初他是正在天津居住，到了五月二十六日，才避亂到靜海。靜海去津甚近，所以直到六月十八日天津失陷，他都隨時有詳確記載，這可以說算是一種最真切的直接史料了。現在從他的《庚子日記》中摘錄出來天津拳亂的始末，以供留心近代史者之參考。其大要略如下表：

五月初六日。蘇家橋焚教堂，毆傷洋人。

初九日，己酉，晴爽。人心惶惶，晚間空際紅燈遍佈。
初十日，庚戌，晴陰間。火車止至楊村，餘軌俱毀。
十三日，癸丑，晴和。二更，見紅燈在西方偏北，朗若巨星。
拳民在南鄉一帶聚集數萬人。
十五日，乙卯，晴熱。拳民遍街橫行，亂萌已啟。
十六日，丙辰，晴熱。各街已募鄉勇。
十七日，丁巳，晴熱。義合拳二十餘人，赴各拳場拜客。
十八日，戊午，晴熱。東街、鎮署前、西門內各教堂被焚。
十九日，己未。拳民肆行，路人有跪接者。
晚間東方火起，人聲鼎沸，槍炮隆隆，紅燈滿天。東南四更時亦見火光。
河東陳家溝洋兵與拳民衝突。水師營開炮幫打。
二十日，庚申，晴爽微風。街市閉門。拳民各處肆行，殺人如戲。
二十一日，辛酉，晴爽有風。午後聞炮聲。東南方火光起，至夜未熄。
拳民開放縣獄，佔據四門，搜查行人。
二十二日，壬戌，半晴陰，大風土。消息愈緊，槍炮聲隆隆不絕。
河東一帶，火光燭天。聞自西方菴、陳家溝、老龍頭、馬家口逶迤十餘里，房舍盡燃，概成灰燼。

曹老師帶來拳民二千人。又紅燈照幼女十四人。

四門皆有拳民把守。

拳民驅逐阮大令，大開獄門。

二十三日，癸亥，晴陰間。槍炮彈觸壁穿屋，大可怕人。

拳匪力已不支，死亡枕藉。

二十四日，甲子，晴和。是日有講和之說。

大沽口失守。

二十六日，丙寅，晴和。（桐翁避難至靜海。）

三十日，庚午，晴熱。聞天津仍未停戰。見二十七日上諭，與各國開兵。

津中信息，傳聞不一，大沽東南兩局武庫等處均失守。土匪逃兵，四鄉焚掠。

六月初四日，甲戌，晴陰間。聞天津大兵雲集，各鋪商往見制軍欲為講和，制軍云：「已經奉旨，萬不能和。」又請如果開戰，須躲開城廂，亦未邀准。紫竹林仍未攻進，每日時聞炮聲，火警亦時有所聞。

初八日，戊寅，陰。張老師住浙江會館，楊老師住江蘇會館，氣焰頗大而法皆不靈，不知將來如何交卷也。

十一日，辛巳，晴和。用原船下衛（按桐翁九日由靜海赴楊柳青，本日由楊柳青至天津）。十二點鐘到，在同春吃飯，即聞炮聲。聞自前日洋人連放炸彈，華宅落三枚，錫臣家落一枚，此外見者甚多。東城樓牆、南城樓牆、古樓皆被擊損，督署尤殘破不堪。

由同春出，順城根出毛賈夥巷，隔河望見院署外牆缺口甚多，正徘徊間，忽飛來一子，將照壁以東擊壞。天成號被炮火轟著，燒房數十間，女眷逃出，徒步而行，令人長歎。順路至津店，至一點鐘時，被炸子將天棚中樑擊折。

十二日，壬午，晴熱。炮聲日夜不休。城內外炸彈如雨，未敢出門。

十三日，癸未，晴熱。自日前各團任意搶掠，新泰興、仁記、順全隆、播喊、隆寶實各行之外，又有恆慶號、同發祥亦被搶劫。市面各有戒心。至南門外，遙望紫竹林一帶洋房周圍皆焚毀殆盡，正街大樓亦多損壞，惟將各路口用大米包堆堵如牆，故一時未能攻破。正在遠望，適飛來槍子一個，將賣西瓜號筲打翻，遂抽身進城。

拳民傷亡甚多，所謂能避槍炮者，蓋設詞也。所可怪者，不但舉國若狂，即壽帥亦信之如神，殊不可解。刻下大兵雲集，約有一百五六十營，乃竟不能取勝，後事何堪設想耶？

登南城，見團民為洋兵所敗，三馬返二，千餘人自相踐踏，死者甚多。

十四日，甲申，晴，極熱。一日未聞炮聲。

督憲飭小隊車轎至侯家後鹽船上迎接聖母仙姑上院，真千古笑話。大旗書「黃蓮聖母」、「天兵」、「天將」大字。車轎皆以紅綢洋布圍罩，其人不得見，轎前有一人舞劍而行，狀類求雨之馬皮，合街皆執香跪接，真妖孽繁興敢。船主李姓，聞制臺執香迎於大門之外。

十五日，乙酉，晴，暑。八鐘至西頭上船，行次又聞砲聲隆隆不休。（按本日桐翁又赴楊柳青。）

十六日，丙戌，晴，暑，午後雨。六點起，收拾行李回靜。正欲啟行，荷舫忽來，云昨（十五日）午前，洋人發砲向城內亂放，一點鐘時伊院北屋西間由房頂入—炸子，由西山牆而出，急向南屋躲避，乃未經坐定，又來一彈將南房外間中檩打折，透入屋內落地而炸，人皆從煙中鑽出，一驚不小，特為趕來。

十七日，丁亥，晴陰間，極熱。午後下雨一陣。（桐翁上靜海，下同。）聞津中本日間洋人攻西關一帶，商民傷亡甚眾。城內之逃出者門為之塞，真慘不忍言也。

十八日，戊子，晴，暑。午刻，由下游逃來難民甚多，知於十五日，洋人攻打甚急，炮彈亂飛，日形其緊，至本日清晨城陷，係日本旂號，雖不甚殺戮，而為團民所掛者傷亡亦屬不少。運署及各廟相繼火起。南北壇均歇業，前之紅布纏腰裹腿、執刀槍橫行者，皆改裝易服，不復從前高興矣。

昨晚尚不准人言洋人得勝，必須張大其詞云將洋人殺盡，團民甚強云云。若說實話，直有性命之憂，令人氣悶！

以上桐翁所記，都是當時聞見所及，非常真實，雖屬私人日記，實可稱為一時之信史。如他所列的日子干支，及所記要事。天津戰事之開始及城陷之日，皆與時人載記相合。據陳垣先生的中西回史日曆，所列日之干支，同陰陽曆的對照，試舉數例：

五月初六日丙午（一九〇〇年六月二日）

五月廿一日辛酉（一九〇〇年六月十七日）

六月十八日戊子（一九〇〇年七月十四日）

桐翁所記皆與之相合，舉此可以類推了。又據陳恭祿《中國近代史》下卷第十二篇「天津之失陷」稱：

津沽於六月十七日戰作，七月十四日城陷。

陳氏依公曆記敘，亦與桐翁相合，可以互證所記時日，均為不誤。但是桐翁所記，尚有可作補充史料者，即是在五月十九日的夜間外兵已和團民開釁了，他這一天日記上記載甚詳：

河東陳家溝有拳壇一處，洋兵至彼處攻之以炮，拳民俱散，乘勢焚掠居民，而制臺竟傳令開炮。拳民不令百姓過河，死者甚眾。河東居房約毀數千間之多。

又批註云：

水師營開炮幫打，兵端已開，若止亂民焚掠，猶可救也。

這就是當日桐翁所謂「晚間東方火起，人聲鼎沸，槍炮隆隆」的背景了。「洋兵」與「拳民」正式衝突，水師開炮幫打，實在算「兵端已開」，此兵端又開自「洋人」之炮攻「拳壇」，所以桐翁要大書特書的。這也算天津之役值得注意的一件史實。

當日義和團之橫行及其愚昧無知，可恨又復可笑。如桐翁避難在靜海時，看見團民由水路前往天津去集會。他的六月初八日記云：

平夕，河下自上游放來多船，滿載義和團。皆以黃布包頭，黃布束腰，各持刀槍。鼓號仿洋式，以洋鐵為之。半屬幼童，衣多襤褸，面有菜色，真是一群乞丐，以此欲平洋人，令人絕倒。

又至滄州德州間之齊家堰時，聽說該處拳匪殺人一船，係廣生局船，凡一百五十口之多。這地方的拳壇，卻又有特別的來歷。據桐翁六月廿七的日記云：

此處壇神為濟顛僧，拳匪皆飲燒酒，吃狗肉。數十里犬已無存。

真可謂無奇不有了。濟顛有知，亦當深自懺悔，合十默祝：「阿彌陀佛，罪過罪過！」

（原刊《逸經》第二十二期）

診治光緒皇帝祕記

屈桂庭

二十五年（一九三六）的末一日，我趨訪屈桂庭世丈於其滬寓，叩問其從前診視遜清光緒帝病狀之經過。蒙其詳細縷述始末，歷一小時，滔滔不倦，歸而擇要記之。丈，粵人，於光緒十二年畢業北洋醫院後，歷在北京、天津方面任醫官、院長、校長、衛生局長，當時前清親貴顯宦均極信任。光緒之死，重重黑幕，言人人殊，久成疑案，比之「燭影斧聲」。丈為最後診視其病狀者，其述辭足為歷史搜討者之有力的資料，至少亦足為留心掌故者饒有趣味的談助也。

又文前記

前清光緒末年，皇帝久患重病，外國公使等有懷疑其中慈禧太后之毒者，蓋外使自拳亂後多惡后而袒帝也。法使館徵得內廷同意，嘗派法醫狄得氏入宮診視，知帝確患重症，群疑始釋。

時在九月初旬，一日早晨，太后與光緒臨朝，召見軍機大臣。帝困苦不能支，伏案休息。太后乃謂：「皇帝久患重病，各大臣何不保薦名醫診視？」慶王奕劻首先奏對：「臣自六十九歲大病之後，袁世凱薦西醫屈某來看好了。自後不再吃中藥，也不知道有甚麼好的中醫。」袁世凱續奏：「屈某係北洋醫院出身，歷任醫官、院長，現兼醫院總辦。臣全家均請其治病，前北洋大臣李鴻章總督直隸時也是請其診治的。」繼而張之洞與世續兩中堂亦陸續奏言家人患病亦請屈某治病，均稱順手。當時軍機大臣六人，只有鹿傳霖與醇王（即後之攝政王）二人未發言。太后乃云：「中西醫藥是一樣的，但要治好病人便得了。既是大家保薦此人，可請來看看。」慶王復奏可以辦到，請定日期。太后乃定十三十四日（此段應對語係事後親聞諸慶、袁二人者）。

下朝後，余即得袁之侍從醫官王仲芹（余之學生）由電話密告此消息，時余在天津兼長北洋衛生局，以診治皇帝重病責任重大，在專制政體之下，正俗語所謂「有抄家無封誥」，本甚躊躇。詎不移時，直督楊士驤先後接到袁、慶電話，著余立即赴京。余於是成行，時九月初十日也。到京後先謁見慶王，慶對余謂：「此乃軍機大臣共同保薦，不能不去，但去盡心看看，有無危險，可直言先告訴我，密奏太后。」

時太后與皇帝均在西山頤和園。十四日清晨，慶王帶引余覲見太后及帝於正大光明殿。

光緒正面坐，太后坐其側，聞中醫陳蓮舫、施愚等亦到會診。太后問余如何診法？余答：「按西醫規矩要寬衣露體，且聽且看。」太后許可，余即對光緒施用「望聞問切」的診視工作。余細察其病徵有：常患遺洩，頭痛，發熱，脊骨痛，無胃口，腰部顯是有病；此外肺部不佳，似有癆症，但未及細驗，不能斷定；面色蒼白無血色，脈甚弱，心房亦弱。其人體質本非強壯，屬神經過敏之質，加以早年色事過度，腰病之生，由來已久。彼不禁刺激，神經稍受震動，或聞鑼鼓響聲，或受衣褲磨擦，或偶有性的刺激即行遺洩，且不受補，愈食補藥，遺洩愈頻。余復問取其尿水攜回化驗，又開方單以進，並奏明方單是西藥，可到外國醫院或藥房配藥，或內服，或外敷，而個人不便進藥，蓋明代「紅丸」故事，早知戒懼也（簡按：早年曾在故宮博物院見清廷所留下之光緒病狀一紙，猶記亦言其患遺泄病者）。

自後，每日早晨，余即到診一次。宮女等一見余至，輒呼：「外國大夫來了。」光緒帝平素服中藥至為審慎，必先捧藥詳細檢視。余診視多日，見其呼吸漸入常態，用藥亦頗有效。關於食物營養之選擇，余屢行進言，彼亦照行，故病狀頗有進步。光緒皇帝性情甚好，寫字尤佳，相傳此殆得力於翁同龢之功也。有一次，太后對內務府大臣面諭關於食物事，帝聞而氣憤至極，即怒擲枕於地以作表示。其後太后與帝復回北京，仍居三海，余繼續每晨入宮在勤政殿照常診視。光緒帝每晨清早即須到儀鑾殿省視太后，然後隨同到勤政殿視政，生活殊不舒適，加以病魔纏身，更為苦事。余診視一月有餘，藥力有效，見其腰痛減少，遺洩亦減少，惟驗其尿水則有蛋白質少許，足為腰病之證。

迨至十月十八日，余復進三海，在瀛台看光緒帝病。是日，帝忽患肚痛，在床上亂滾，向我大叫：「肚子痛的了不得！」一時中醫俱去，左右只余內侍一二人，蓋太后亦患重病，宮廷無主，亂如散沙，帝所居地更為孤寂，無人管事。余見帝此時病狀：夜不能睡，便結，心急跳，神衰，面黑，舌黃黑，而最可異者則頻呼肚痛——此係與前病絕少關係者。余格於情勢又不能詳細檢驗，只可進言用暖水敷熨腹部而已。此為余進宮視帝病最後一次，以後宮內情形及光緒病狀，余便毫無所知，惟聞慶王被召入宮酌商擇嗣繼位問題，未幾即聞皇帝駕崩矣。

（原刊《逸經》第二十九期）

《清史稿》回憶錄

金梁

近論《清史稿》者，皆以時制相衡，是非無定，修史者不負責也。唯容希白主公道而不著私評，徐一士談實事而不尚空言，深諒甘苦，彌可感也。史而曰稿，原已明其非定本。然詩文撰稿，作者可從容審定，始發全篇，而校刻清史，勒限一年，隨時購稿，排日付印，如編新聞者，主筆督催，手民立待，無復有片刻之暇，豈容詳核，此當名曰「清史報」耳，「稿」云乎哉。且日報猶得觀大樣也，《史稿》則隨印隨發，前後竟不遑兼顧，實並報而不如也。此欲責其無漏誤，難乎難矣。或曰：史館不已設十餘年耶？曰：此不知史館內容者之言也。開館十三年，纂修百十人，積稿至盈數屋，皆零篇散帙，未經編核。即以傳論，或一人而數傳，或一傳而雜抄，既未分朝代，亦未分類別。修史以畫一匯纂為最要，而校訂修飾次之，積稿雖多，如無稿也。而人事尤難，校刻議定，趙館長即病，未幾遂卒。代者柯鳳老，不問事，幸集款在袁潔珊手，刻資稿費，尚可無憂。而次帥既故，同人意見不免參差，或交稿，或不交稿，或主此稿當印，或主彼稿當廢，或言已稿不得易一字，或言人稿必當另刪改，終日紛爭，擾攘已甚，如宣紀之或存或刪，即其一端。余一切不問，遇事但以史例衡之，有合史例者用之，不合史例者舍之，久始稍定。而余既負校刻之責，又兼閱稿撰稿，誤者正之，闕者補之，畫一而總核之，夙夜黽勉，不敢告勞，差幸及期可竣，而兵事遽起，尚有十之二未完。不得已，攜歸私寓，日夕趕辦，撰校兼行，一月之間，補至百卷，竟慶告成，初料所不及也。《史稿》之成，區區一人，實負全責，明知倉卒成書，繆誤百出，徒為人笑，然非不顧一切，尅期告竣，則清史永無觀成之一日矣。知我罪我，聽之而已。

《史稿》之陋誤多矣，而時人所舉十有九項，多以違制為辭，則吾前已言不負責矣。蓋論史必以史學史例為本，《春秋》、《史記》，言史者之所本也，豈可以時制為衡乎？今姑舉數事言之，如書年，但就行文之便耳，前數年，後數年，何必限以正朔？然則以孔子及耶穌紀歷者，皆違制矣。如書謚，亦紀實耳，私謚且應入傳，何必為諱？又如朱翁雖漏，亦各有附見，豈必人皆專傳？而譚氏無傳，正見《史稿》之慎重，不能責其漏也。至所謂一人兩傳，則誤傳後附語為正傳也。所謂目錄不合，則有人私改，而轉引為詞也。此外月日偶誤，人名或異，多由校對之疏忽，更不值一辯矣。又有以下嫁、逃禪諸事為言者，此信野史而不信正史，余已別有辯正，非深於史者不能知也。唯《時憲誌》錄八線表，此實大錯，當時余曾力爭，擬將前三卷言時憲史事者合為一卷，而刪表不用，並粘簽待公議。主者竟逕交印局，遂無以阻之，此亦可見余當日校刻之為難矣。又如《藝文誌》，余亦有改正，並另撰序文，及書既出，復為人追改，皆可復按也。又《邦交誌》，余亦多刪改，並增輯約章，《日本誌》第一頁重出，即扣字數而增入者，亦可謂苦意經營者矣，而終不能禁人之私改也。故余常言：除自撰光宣列傳，遺逸、藝術傳，及補咸同列傳，儒林、文苑傳外，余實有難言者也。雖然，孰能諒之乎？

《史稿》出後，論者甚多，大抵皆未閱全書耳。全閱者，恐只孟森一人，所疑皆逐條簽出，而不加定論，實多獨到之處，至為可佩。惜所指者，仍多限於時制，遂亦不能詳舉無遺矣。余閱《史稿》時，字字留意，有與事實不合者，必為改正，憶有一處，僅改一字而全案盡翻，所關甚大，然實得事實之真，意閱者不能無疑，而竟未舉出，此亦可見史事之難矣。故吾言論史必以史學、史例為本，如以學與例核之，閱者、作者皆不能有一言矣。吾嘗自以學、例核《史稿》，惟列傳可存，紀、志皆應改，而表尚可，試再分別言之：太祖、太宗、世宗、三紀可用，余應修改。《天文誌》應增，《時憲誌》應刪，地理、禮樂、輿服、職官、刑、法、兵七誌均可用，災異、選舉、食貨、河渠、藝文、交通六誌應改，而邦交必重修，又應增宗教、氏族、實業等志，餘皆有稿。表皆存，有應補者；列傳亦皆存，略有待訂處。匯傳如循吏、忠義、孝義、遺逸、藝術、列女皆可用，儒林、文苑各應增刪，疇人重修，土司、藩部應刪改。此就史論史，不參一毫私見於其間者也。余本力主重修，昔屢商之袁潔珊，袁謂：「我輩但修史稿耳，應否重修，待諸當世，何必定出我手耶？」此亦公言也，余遂聽之。

以上僅就回憶所及者記之，欲得其詳，當閱《清史稿》校刻記、清史例案敘、光宣列傳敘，及建州表敘、忠義傳敘、后妃傳稿書後、重刻文苑傳跋等篇，不贅述矣。

（原刊《逸經》第十期）

《清史稿》回憶補錄

金梁

論《清史稿》者，對於清初記事，尤指為諱飾，而不知史有史例，不能如野史、新聞之隨筆妄記也。清史體例，實仿《明史》，記事則以《實錄》為本，務求徵信，可疑者寧闕之，必不得已，或出以附見，或參以互證，意在存真，此亦修史者之常識也。茲再補舉數端，如（1）建州創業，詳載阿哈出等傳，並於論內對釋姓名，不為滿洲諱也。（2）景顯及難。（3）太祖為虜，皆明載本紀，皆未諱也。（4）太祖受傷，何止一次，不及備書，亦非諱也。（5）孝莊下嫁。（6）世祖逃禪。（7）世宗奪位，考清史者，皆已證明無其事，余於《清帝外紀》中亦有辨正，尤非故為之諱也。（8）太宗爭立，附見諸王列傳，余實發之（滿洲老檔即余轉譯），亦未諱也。又如（9）慈禧失德，后妃例難詳記，分見臣工列傳，既未為諱。（10）光宣嗣立，謂有鬩牆，實所未聞，更不待諱。至謂（11）（12）明清遺臣應立別傳。（13）（14）鄭洪列傳應改載記，史館初亦議及，以與《明史》不合，乃作罷論。又謂

（15）明兵書「寇」，（16）黨人書「人」，別有用意，未免深文，不足一辯。又謂（17）文字獄未備書，不知何據，（18）人名表備通檢，不知何體，余實不敢著一言矣。（19）謂應立宦官傳，而所舉僅李安等二三人，均已附見紀傳，何必專立？余向因寇良材以忠諫死，不願沒其人，乃附著於言官傳論中，亦足見史事之難矣。至（20）謂列傳舊檔，刪去千二百人，擬再檢補，而不知史雖傳人，尤重傳事，事無可傳，而必強為之傳，又何為者？以上廿款，皆據論者之言而補釋之也，然論者所舉亦有可取者，如謂紀、志、表傳有應修改各節，頗多可採之處，願安承教，我輩但求為世間留一完書耳，豈有一毫私見之存哉！

（原刊《逸經》第十期）

同盟會時代上海革命黨人的活動

蔣慎吾

萬福華的槍擊王之春

同盟會與華興會　一九〇五年八月（清光緒三十一年乙巳七月），中國革命同盟會成立於東京，是為革命正流的革命團體、有統一的顯明的政治綱領之端緒。但在該年孫總理於歐洲先期所召集的三次會議中，這一切已經肇端，如孫總理自傳中說：「予於是乃揭櫫吾生平所懷抱之三民主義、五權憲法以號召之，而組織革命團體焉。於是，開第一會於比京，加盟者三十餘人；開第二會於柏林，加盟者二十餘人；開第三會於巴黎，加盟者亦十餘人。」原來，當時歐洲留學生新從內地或日本去的，多數已經受了革命思潮的陶冶，贊同孫總理的主張了。

先一年，即一九〇四年（清光緒三十年甲辰），以「拒俄義勇隊」名義回國暗中運動的黃興，曾和劉揆一、楊守仁、馬福益等謀起義於湖南各屬。初發起華興會，聯合會黨共同進行，於長沙、醴陵設機關部，分別由黃、劉二氏主持，而楊氏則駐在上海，策應一切，儼如「正氣會」同出一轍；繼又另組同仇會，掌理會黨事務。乃定於該年秋間，清太后那拉氏萬壽節日，在長沙、岳陽、衡陽、寶慶、常德各處，分五路發動。旋以機事不密，清吏探悉訊息，大加搜索，會員紛紛逃匿，遂告失敗。

當時署江督端方曾密札滬道，文中有謂「劉、黃二人係學堂舊時教習，現已聞風潛逃」，又「沿江上下素為匪徒出沒之區，殊難保不暗中勾結為患；且由東洋赴湘，必須取道上海，搭坐商輪上駛」等語，似對劉揆一、黃興行蹤莫測究竟，上海為長江要口，懸臆必有革命黨人廁足其間，意在言外。事實上，不知黃氏等人已於該年九月十月間先後抵滬，且於十一月七日（十月初一日）由黃氏邀集楊守仁、仇亮、陳天華、張繼等數十人，集會於新聞新馬路（愛文義路派克路）餘慶里，擬即日分途運動大江南北學界、軍隊起義鄂、寧等處，會勢大振。詎料不久有萬福華槍擊王之春事件發生。

萬福華槍擊王之春的經過　萬福華於這一年隨同吳春陽自安徽來滬，本由同鄉薦充某學堂教習。但吳氏為革命黨人，萬福華和他交誼素密，因飽受宣傳，也醉心革命，並且因吳春陽的紹介，得識黃興、陳天華、劉揆一等諸人，常時往來餘慶里機關部。知道他們都係領導革命之有力的行動份子，很為欽崇，即亟欲立功以自見。

剛巧，那主張借法兵平亂、大為上海黨人暨兩廣紳商各界指摘的廣西巡撫王之春，這時失職居滬，並有勾結俄人、侵略東三省的舉動。在滬志士聞訊，非常悲憤，對於王氏均欲得其肉而甘心。萬福華也以為此種漢奸不速剪除，國將不國，遂與高季棠及張某計議，決計行暗殺之事。

他先向友人處借手槍一枝，探悉王之春住在跑馬廳新馬路昌壽里中，乃日伏王寓左右，預備乘機下手。但王氏深居簡出，即有時出外，因侍從很多，也不能行事。後又經探悉王氏和吳葆初常以酒食徵逐，他就和劉光漢計議，摹仿吳氏筆跡，派人持請客單，邀約王氏於十一月十九日（十月十三日）會飲於福州路金谷香西菜館。

事前，王之春意嫌草率不敬，已辭不往。到該日午後，萬福華復冒吳葆初名，使人堅邀，云稱有要事相商。王氏乃於七時乘坐馬車到達，預備小坐即行。他既登樓入座，見主人未到，只有他客一人和他周旋，心裡起疑，即匆匆下樓。

當時樓上那人實即張某，本來擔任在樓廳行事的，因為王氏人眾，膽怯不敢動作。萬氏則先期預伏在樓梯旁，等到王氏走到半梯的時候，就立刻抽出手槍，自下迎擊，並大罵：「王之春，賣國賊，吾代四萬萬同胞行誅」等語。一粒子彈飛掠王氏頭頂過去，未中。萬氏正欲再擊，而王氏差弁黃景才已飛步上前，奪他的手槍。馬夫戴阿堂見了，也上前協助，萬福華仍力與抗拒。但這時華捕金和尚已聞警趕來，向黃景才詢悉原由，即由萬氏手中取下手槍，將他們三人都帶到巡捕房。

黨人的被捕及其審判結果　案發後，王之春急欲置萬氏於死，特致函上海道袁樹勳，飭札縣解徹究。袁氏因即於次日函促公共租界會審公廨讞員黃輝宿速將萬氏解縣訊辦。而這時黨人方面得悉萬氏被捕訊息，即由章士釗往西牢慰問。詎料捕房正多方偵查萬氏同黨及住址，見章氏到來，當即加以盤詰，拘住不放，並得悉機關部住址，即刻前往，大事搜索。除劉揆一外歸，見機過門不入內得免外，龍澤厚、蘇鵬、薛大可、章勤士、周素鏗等均被捕，並由警探起獲六門手槍三枝，子彈約五百粒，刀劍數把（內倭刀一把），洋傘三把（傘柄內藏刀一把）等各軍械而去。徐佛蘇時已逃出，後見空空無人，乃乘機入取未經搜出的違禁物，遂亦被捕。張繼、趙世暄因郭人漳就廣東新軍統領職，由江西赴粵，路過上海，就邀他入會。途中遇著黃興，張氏邀與同車返餘慶里，故皆被暗探圈禁。隨後，萬福華的姪子雲卿也被獲到案。

十一月二十一日（十月十五日），捕房將一干案犯送至公廨過堂，首由包探聲敘案情，次由金和尚、黃景才、戴阿堂等人分別供述經過情況。接著即由萬福華供稱：「姓萬，名福華，安徽合肥人，年四十歲，有鹽船泊於十六舖，與王撫台無仇。因王在廣西剿匪，借用法兵，無力自剿，故刺之」等語。至黃興等諸氏，除郭人漳外，均各供稱李壽芝、湯祚賢、趙梅、周詠曾、周寅山、章士戛、趙洪和、張信、龍善行、張杏年等假名，因郭人漳由江西來滬，餘人亦多稱和郭氏同來。是日審訊人員，除讞員黃輝宿外，尚有英副領事德為門（Twymen）。王之春並未到案，僅延律師雷滿（E. H. Lamme）主控。萬氏也聘請律師高易（Hanson Mc. Neill &

Jones）上堂代辯。高易曾在庭上聲稱：「原告王之春不肯到堂，殊不合律。原告不到，則證人所言，應作無效。」雷滿加以反駁。

自上海捉人消息傳出後，因郭人漳名列案內，很引起各方注意。江西巡撫夏時並於二十二日（十六日）電諭滬道袁樹勳查明，「如無牽，即行釋放」。袁氏據此，除親訪英總領事要求釋放外，即於二十四日（十八日）札廨訊明核辦。及至二十六日（二十日），江督端方也電致袁氏查詢真相，電文稱：「聞滬獲亂黨，起出槍械八十七箱，並悖逆章程，已否開訊？所獲黨類有幾？是何姓名？該匪現在是否交保？由何人保出？是否其黨？刺客案牽及郭道人漳，與黨案是一是二？如何辦法？即望詳復。此時亟宜一律嚴查，並飭營縣加意防範，勿致疏縱，至要！方哿電。」在此電到達以前，郭人漳、趙梅、湯祚賢、李壽芝等已經訊明保釋，而電文中所謂「槍械八十七箱」以及「悖逆章程」，實係訛傳。後公廨讞員黃氏將經辦案情繕送王之春稿中也曾聲明，並無其事。

當時名列案內的李壽芝，實即黃興。西會審官曾將湘案通緝照片和他面貌對照，只因服飾和鬍鬚均在疑似間，躊躇未決。幸公廨書記某事先佯稱所搜出的黨員名冊為日用飯菜帳簿，隨即棄去，致無從證實，黃氏得安然出獄。他和劉揆一同住法租界湖北留學生招待所內，仍竭力營救在獄諸人。而這時捕房得悉黃氏漏網，重行偵緝，風聲緊急，黃、劉二氏乃避地東走日本。向商、學兩界募得款項四千餘金，黃興即派彭淵洵齎回上海，會同林萬里、萬聲揚等營救。適遇龍璋為泰興知縣，由其向上海公共租界會審公廨保釋，於是張杏年、周詠曾、周寅山、章士戞、趙洪和、張信、龍善行、萬雲卿等八人得先後恢復自由。他們在獄，計前後審訊五次。

主犯萬福華則審訊六次，最後公廨宣判，以擾亂租界治安罪監禁十年，其判詞謂：「萬福華謀殺未成，自應照律懲辦。今留發往西牢，監禁十年，並罰作苦工。」萬氏聞判，仰天大呼道：「我之為此，實為國家大局起見，何罪我為？求仁得仁，我得其所矣。」說罷，他就昂然含笑，隨巡捕入獄。後來，他不勝獄吏之辱，曾約在獄中國人陰謀逸去，擊傷印捕一名，公廨乃增加監禁限期為十五年。直到辛亥革命後，陳其美為滬軍都督，乃函飭公廨讞員關炯之，向領事團交涉釋放，同時萬氏之子啟宇也具文請釋。但領事團方面以萬氏越獄傷捕為詞，推卻不允。經黨人力請，政府嚴厲交涉多次，萬氏始行開釋。前後統算他在獄期間，計有八個年頭了。

革命書報和南社文學

同盟會與光復會　中國革命同盟會成立後，全國志士均集中在革命旗幟之下，於是聲威大振，正如孫總理自傳中說：「及乙巳之秋，集合全國之英俊而成立革命同盟會於東京之日，吾始信革命大業可及身而成矣。」

當時上海方面負責人係推定蔡元培。到一九〇六年（清光緒三十二年丙午），復有江蘇分會和上海分會的組織，地點都在上海，分別由高旭、馬君武等主持，同志參加的很多。其祕密集議的所在，前者為健行公學，後者為中國公學。中國、健行兩公學同為抵制日本取締留學規則而起，名為學校，實乃革命機關，和愛國學社、麗澤學院、青年學社等同出一轍。中公方面，係由姚鴻業、梁喬三、馬君武等所創辦，最初設於北四川路橫浜橋北。姚氏後因籌款不繼，憤激自投黃浦江身死，現該校仍行存在；健行方面，係由高旭，朱少屏、陳陶遺等所創辦，設於西門寧康里，後因故停頓，現有同學會的組織。

在中國、健行兩公學成立以前，上海方面負責人蔡氏已在積極進行，對於實際行動，竭盡心力，早和浙江志士龔寶銓、陶成章、敖嘉熊、徐錫麟、秋瑾等發起成立了光復會。該會名稱實由「暗殺團」而來，為前軍國民教育會各省會員留在上海的組織，規則極端嚴密。蔡氏得知，也以參加為請，於是正名為光復會，而以蔡氏擔任會長。光復會會員大半都加入同盟會，同盟會會員加入光復會的也很多。實際上，他們均以革命意旨為依歸，對於同盟、光復的名義原無畛域之見。所以，其後陸續發生的黨獄，如萍瀏之役、南京之役、安慶之役、浙省之役，均由同盟、光復兩會會員互通聲氣，共同策動。起事地點雖均不在上海，而實際上則以上海機關部為行動之中心。

革命書報的流行　中國革命同盟會本部的革命工作，除積極行動外，首重文字宣傳。在東京辦有《民報》，先後由陳天華、胡漢民、汪兆銘、張繼、章炳麟等主持，標明六大主義，如下：（1）顛覆現今惡劣政府；（2）建設共和政體；（3）維持世界真正和平；（4）土地國有；（5）主張中國、日本兩國之國民的連合；（6）要求世界列強贊成中國之革新事業。是為革命宣傳的大本營，而在上海祕密發行的處所，則係健行公學。

該校教員柳亞子等又發行《復報》，在上海編輯，送東京出版。其廣告謂：「本社同人痛祖國之已亡，憤異族之無狀，組織斯報，發揮民族主義，傳播革命思潮，為國民之霜鐘，作魔王之露檄。」可見其宗旨。該報原為油印，每週一張，由柳氏等在吳江同裡自治學社編行。至是，乃自六十八號起，由鋼筆版改為鉛印本，每月一冊。文字內容，無論文藝或論文，均直接鼓吹革命。它對於東京的《民報》，事實上確成功一個強烈有力的左衛。

此外，留日學生界的出版物在上海也早形成風起雲湧之勢，如《江蘇》、《浙江潮》、《漢聲》、《直言》、《遊學譯篇》、《鵑聲》、《醒獅》、《二十世紀之支那》等，均以上海為尾閭，在鏡今書局、東大陸圖書局、國學社等處銷售。各書局均為有志革命者所創辦，除代售以上刊物外，頗多自行編印的著作，如章士釗《蕩虜叢書》，劉光漢《攘書》、《中國民族誌》，陳去病《清祕史》、《陸沉叢書》，金天翮《女界鐘》、《自由血》，蘇玄瑛《慘世界》等。其他尚有宮崎寅藏《三十三年落花夢》譯本，以及《黃帝魂》、《蘇報案紀事》、

《國民日日報彙編》等，不下百餘種。

南社文學的崛起　在這期間內，南社文學便應運而生。

南社為高旭、陳去病、柳亞子三氏於一九〇七年（清光緒三十三年丁未）所發起，至一九〇九年（清宣統元年己酉）成立。他們都係很早獻身於革命事業的人，眼看著清政府的辱國喪權，日甚一日，民族危機已到千鈞一髮的地步，憧憬於明季幾社、復社等慷慨激昂的精神，便號召當時在統一意志下的革命志士，成立了這個文學團體的南社，以提倡文學為名，而實則鼓吹革命。

陳去病自己在《南社雜佩》裡說：「南社者，去病與吾蘇高旭、柳棄疾三子所以繼東林、復社之志業而興焉者也。」高旭在《未濟廬詩》裡也有「幾復風流賴總持」的詩句。柳亞子則在《神交社雅集圖記》裡說得更顯明，茲摘錄如下：「在昔典午中燼，新亭涕泣，行類楚囚，而王導以江左夷吾，翊戴瑯玡，延中原文物之遺，功高微、管。降及勝國，復社雋流，置酒高會，其意氣亦不可一世。迨乎兩京淪喪，閩粵繼覆，其執干戈以衛社稷者，皆壇坫之雄也。事雖不成，義問昭於天壤，孰謂悲歌慷慨之流無裨於人家國也。板蕩以來，文武道喪，社學懸禁，士氣日熸。百六之運相尋未已，歲寒松柏，微吾徒，其誰與歸？」

直到後來，汪兆銘作《南社叢選》序文，曾有「核其內容與其形式，固不與庚子以後之時務論相類，亦與民國以後之政論絕非同物」等語，可視為對於南社文學的準確的估價。南社當初立時，社員有數十人，其後各方陸續加入，計有一千餘人之多。翻開南社的會員錄，我們可以找到許多清季革命志士，其他聲望素著的人也指不勝屈，不及列舉。後來柳氏復進而有新南社的組織，列名的人士頗多獻身國民革命的先進者，但這已是民國以後的話了。

于右任的創辦三民報

《民呼日報》的出現　南社文學既如上述，而同時以另一種工具和形式鼓吹革命，攻擊政府，彷彿繼承《蘇報》以來職責的，就是于右任所創辦的三個「民」報了。

因著書排滿，不容於清吏，由陝西逃到上海的于右任，起初和汪彭年等組織成立了《神州日報》，接著於一九〇九年五月十五日（清宣統元年己酉三月二十六日），又創辦了《民呼日報》。

《民呼日報》攻擊官場的言論，很為當局所忌。適在此時，陝甘賑災公所附設於民呼日報館內，清吏乃出卑劣手段，傷害於氏聲譽，誣以吞沒賑款，由滬道蔡乃煌札飭會審公廨訊究，於八月三日（六月十七日）將於氏拘入捕房。

經過四十餘日，終以事無實證，判決驅逐出境了事。於是，《民呼日報》僅有九十三天的生命。當時《申報》均詳載其事，頗轟動一時。

《民吁日報》的繼起　于氏於案結以後，就出國去日本。到該年秋間，他回到上海，又延請談善吾續辦《民吁日報》，改變論調，專事攻擊日本。

至十一月（十月）間，駐滬日領松崗對於該報連日所登論說，認為「有傷中日兩國感情」，照會滬道蔡乃煌查究。蔡氏允從其請，札飭會審公廨禁止。但《民吁日報》仍放言無忌，連日繼登〈中國之危機〉和〈錦齊鐵道與遠東和平〉各論。日領至此，乃面晤滬道蔡氏，請求核辦。接著，蔡氏在領袖領事商妥以後，就札飭公廨將該報發封，傳訊主持人員。其申說該報的罪狀，也只不過是「任意怒罵日人，似屬有意造謠」等語而已。

當時，《民吁日報》於同月十九日（初七日）被封，編輯范光啟並被傳至公廨候訊，但清吏此種舉動顯然不能得人同情。結果，此案終經含糊判結：「該報永遠停止出版，所有主筆人等均免予深究。」刊行四十三天《民吁日報》於是又告夭折。

《民立報》的再接再勵　直至次年，即一九一〇年（清宣統二年庚戌），在十月十一日（九月初九日）那天，《民立報》又由于右任再接再勵，繼續創辦，和社會人士相見。其發刊詞有「內憂外患相逼而來，東海愁雲浸及滿洲原野，歃血之約，恐又使馬首欲東者，轉而西圖。新亡國民之臭名，豈獨戴高帽子之族含無窮之痛乎」等語。

當時執筆者，有宋教仁、呂志伊、范光啟、徐天復、葉楚傖、邵力子等諸氏。凡所議論，都根據學理，反復推闡清政府的腐敗，促起全國人士責任心的自覺。因此，該報為一般所愛護，一紙風行，爭相傳覽。每份銷數有兩萬，印機日夜不停。到了辛亥革命武昌起義時，《民立報》儘量披露革命軍的消息，糾正一般的聽聞，在宣傳上是收到相當的功效。

中部組織和辛亥革命

辛亥革命前夕的情況　辛亥革命的發動，係在一九一一年（清宣統三年辛亥），可是它的成功並非一蹴而就的。當光復的前夕，革命運動已經屢仆，而以同年廣州三月二十九日之役，為同盟會會員流血事件中犧牲最大者。

那時，留滬東南各省革命同志推究失敗原因，深感具體的嚴密的計畫和組織的必要，鑒於上海為全國交通的樞紐，亟宜設置幹部，於是宋教仁、陳其美、譚人鳳、范光啟、陳子範等決定在滬設立中國同盟會中部總會，以東京本部為主體，認南部分會如友邦，採協作的精神，謀統一的聯絡。以江海關造冊處潘祖彝辦事處所為通訊，北浙江路八二一號楊譜笙寓所為祕密接洽機關。集合時，則常假地於湖州旅滬公學。該會並曾訂有「中部總會革命章程」、「中部總會總務會章程」、「中部總會分會章程」，文長不及備錄。

中部總會的組織及宣言　該年七月三十一日（閏六月初六日）開成立會，到會者，係宋教仁、陳其美、涂潛、鄧道藩、陶詠南、陳子範、史家麐、王藹廬、張仁鑒、潘祖彝、林琛、李洽、梁鋆、李光德、倪緯漢、范光啟、姚志強、楊兆崟、呂志伊、江鏡清、胡朝陽、章梓、張卓身、周日宣、曾傑、沈琨、譚人鳳、譚毅君、陳道等人，並選舉當選人及候補人如下：（1）庶務：陳其美，候補人史家麐；（2）會計：楊譜笙，候補人史家麐；（3）財務：潘祖彝，候補人呂志伊；（4）交通：譚人鳳，候補人譚毅君；（5）文事：宋教仁，候補人范光啟。

當時，由譚人鳳草定宣言，原文摘錄如下：

現政府之不足以救國，除中國喪心病狂之憲政黨外，販夫牧豎皆能洞知，何況憂時之士？故自同盟會提倡種族主義以來，革命之思想，統政界、學界、軍界以及工商界，皆大有人在。顧思想如是之發達，人才如是之眾多，而勢力猶然孱弱，不能戰勝政府者，其故何哉？有共同之宗旨而無共同之計畫，有切實之人才而無切實之組織也。何以言之？如章太炎、陶成章、劉光漢，已入黨者也，或主分離，或主攻擊，或為客犬，非無共同之計畫以致之乎？而外此之入主出奴，與夫分援樹黨，各抱野心，更不知凡幾耳。徐錫麟、溫生才、熊成基輩，未入黨者也，一死安慶，一死廣州，一死東三省，非無切實之組織有以致此乎？而前此之朝秦暮楚，與夫輕舉妄動，拋棄生命者，更不知凡幾耳。前之缺點病不合，推其弊，必將釀歷史之紛爭；後之缺點病不適，推其弊，必至歎黨員之寥落。前一缺點伏而未發，後一缺點則不自今日摧殘過半人才始。前精衛陷北京，南洋保皇報曾載有曰：「跳來跳去，只此數人。」嗚乎！有此二病，不從根本上解決，惟挾金錢主義，臨時召募烏合之眾，雜於黨中，冀僥倖以成事，豈可必之數哉？……

滬漢間革命運動的聯繫　黃興這時適在香港，當由中部總會派呂志伊等攜函往晤，說明一切，並邀其回滬主持。黃氏對於中部總會的成立，於十月三日（八月十二日）寫回信來，表示贊同，有「欣悉列公熱心毅力，竟能於橫流之日，組織幹部，力圖進取，欽佩何極」等語。接著，於同月六日（十五日）又來函指明進行方針，並敘述暫時不能來滬的緣由，有「嚴剔內部之人，用一人必深悉其底蘊」，「吾黨發難時之組織，不可不以軍律行之」，以及「弟必俟外款稍有眉目，方能前來」等語。

原來，中部總會所策劃的革命運動目的地係長江一帶，而以武漢為中心。因此，滬、漢間不斷有黨人的來往。兩湖新軍、會黨俱分別由居正、孫武、張振武、方維、胡瑛、劉公、熊秉坤、蔡濟民、黃申薌、楊時傑、吳昆、劉揆一、譚人鳳、焦達峰、楊任、彭邦傑等運動成熟，只待機而動。適值川粵漢鐵路風潮事起，武漢同志乃推居正代表到滬，和陳其美等接洽發動計畫，並有邀請黃興去鄂策動之意。而這時鄂督瑞徵已風聞黨人起義訊息，就嚴加警備，搜捕黨人。孫武、劉公等見事急迫，即於十月十日（八月十九日）首先發難，是為武昌起義之役。

此後，因滬、漢間交通隔絕，新興民軍統率無人，乃推黎元洪出而主持。等到黃興由港回滬，趕到武漢以後，革命聲威已幾瀕絕境。孫總理自傳中也曾說到，略謂：「瑞澂見某領事失約，無所倚恃，乃逃上海。總督一逃，而張彪亦走，清朝方面已失其統馭之權，秩序大亂矣。然革命黨方面，孫武以造炸藥誤傷未癒，劉公謙讓未遑，上海人員又不能到，於是同盟會會員蔡濟民、張振武等乃迫黎元洪出而擔任都督，然後秩序漸復。厥後，黃克強乃到，此時湘鄂之見已萌，而號令已不能統一矣。」這樣，我們可以知道武昌起義前後情勢和上海有怎樣的關係。上海方面革命黨人行動關係武昌起義的全局，更無待言了。

（原刊《逸經》第二十六期）

武昌起義雜憶

朱香駒

「同胞」的用途

辛亥八月十九，一夜除夕爆竹般的步槍聲，把幾百年傳留下來的大人老爺稱號嚇了個暫時逃避無蹤，代之以興的就是「同胞」兩個字。於是，男子男同胞，女子女同胞，若是遇見誰，你若忘了稱他一聲同胞，誰也會刻骨切齒地恨你：因為你不稱他同胞，就是不承認他曾參加起義，不承認人家曾經參加起義，是如何重大的侮辱啊！但是，這許多同胞中，卻有不少是前三天在制台衙門口看革命黨殺頭（彭、劉、楊、三烈士），拍掌稱快，及後來在袁世凱、黎元洪時代做偵探捉革命黨去殺頭的人。不過，那時在起義的期間，及武昌的空間中，總一例是同胞而已。父兄、叔伯、兄弟，師生，在那時也化家為國的略份稱同胞了。二十日早晨，陸軍小學的學生編為學生軍，統帶是曾經作過我們東文教員的劉先生，我被編入第二營，我背上子彈帶，拿起比我還長的步槍，奔往操場集合。我們的國文教員，前天在堂上出「仿討武　檄討革命黨檄」的題目叫我們作文的國文教員，他很關切我，他喊我說：「同胞！你拿不動步槍，背馬槍。」

「光復」與「中華民國」別解

那時，人人互稱「同胞」，和法蘭西大革命時人人互稱「國民」一般，同是革命潮浪裡應有的泡沫，起義數日後，已掛出「中華民國」招牌。定武昌起義為「光復」，自然是指的從滿人手中把明朝失掉的故物「光復」回來。這時，人人都把「光復」及「中華民國」六個新奇的字，在口中當豆嚼，隨時隨地都可應用。我們巡查走過舊藩台衙門，一堆還在冒煙的火場上，有許多起義的同胞在那裡支著鐵釜，用楠木正樑當柴，燒煮「光復」來的火腿和豬肉，見我們走過，都喊：「同胞快來！中華民國，大家吃得。」而我們隨便的互相攫取物件，也說是「光復」。有時互相的拉東西用，口內也常說一聲：「中華民國，大家用得。」

我家那時在武昌，我們伯伯及三叔父，都是清朝五六品的小官，他們頓時恐慌起來，收拾細軟，領著婦女們，實行逃難，因為他們是不願人家喊他們同胞的。他們雜在一堆逃難男女中挨出城門，到城外客棧裡準備搭輪船逃往上海，在這個槍聲時斷時續的子夜中，他們也遇到了

「光復」。而在「中華民國」大家用得的原則下，喪失了他們的財物。但這並不是搶劫，而且這樣做的也不是革命軍，只是城外的那些地痞「同胞」們。

滿目紅燈

因為起義的同胞們都擔起國家大事來，無暇顧及瑣務，便由各街各巷的優秀同胞出來做維持秩序、鎮攝宵小的工作。那時武昌是個維新了不久的城市，保甲制下街正之類的人物，還遺留得不少；這些街巷簡直還在夜間閉柵敲更，他們就化腐臭為神奇因陋就簡地組織了維持治安的「保安會」。保安會的辦公地點，都在各段的救火會中，他們無須用文告傳單，只口頭發出命令，全城沒有逃難的民眾，無不立時景從。這保安會第一道命令，就是叫全城住戶，夜間都在大門口點上一道紅色燈籠，也不知道是什麼用意，於是滿目紅燈，連最偏僻的廁坑污巷內，都是光明得如同白晝。若是一個不明了這地方曾經有過不平常變動的人，踏到武昌來，一定會以為是一個金吾不禁的燈宵。清朝的官吏，自然沒有現在的人聰明毒辣，當時也不懂得給人紅帽子戴，不然的話，清廷怕不會因這滿目紅燈而說革命軍是拳匪的支流——紅燈照。那麼，革命軍便不能很快的就被國際承認為交戰團了。

人人有隨身法寶

舊的衣冠不適用於新的時代，新的衣冠又沒標準，因為無所適從，便會人自為政，這是每個過渡時代必有的現象。辛亥，是由數千年的專制變成共和的劃分時代，胡兒章服自不能用，漢代威儀又無稽考，所以更加特別龐雜動亂了。西裝革履自然最時髦，圓領大袖也有人用。但人人都有兩樣隨身法寶，便是皮包和「司的克」。那時並沒有那種漂亮而好看的公文皮包，只有現在賣藥人及理髮匠所用的皮包，最小的體積，也要占三十生的，人們卻不怕它很累贅，神氣活現地挾持著出門奔跑。說到「司的克」那就更神祕了，人們替這一根洋化討飯棍，題了一個「品級棍」的尊貴名號。人究竟是優秀動物，有腦會想的，他們以為清朝是用紅藍水晶各種頂子分品級，現在中華民國是應該在這一根棍子上面分品級了。先前還以為大有來頭，不敢僭用，後來見嘸啥道理，便人人非有棍不可。「司的克」供不應求，竹根木稍、粗造濫製之外，洋傘柄、叉衣竿，也被選為人們手內的品級棍。投機棍商就來廢物利用，收羅許多紅藍水晶硨磲頂子，釘在短竹桿頂上，製成一批批的真正「品級棍」出賣。

明代衣冠的遺老及英雄

清朝末年知識份子，受了革命黨辦的《民報》、《浙江潮》、《學生界》之類刊物高熱指示，民族意識的影響，人人都欽佩劉蕺山、黃石齋、顧寧人。起義後，一些芝麻綠豆大小的官僚，用愛餼羊而忘掉告朔的好笑態度來做遺民，人人都黃冠野服偷活草間，號稱不食周粟，雖然不久就薇蕨精光，不得不分頭向新宦海中活動。但當時的怪狀，確有追記價值。他們頭上辮髮，當然不捨得剪，頭髮盤成小髻，插上黃楊木如意髮簪，身披圓領大袖海青，足登雲鞋，不道不儒的遨遊於上海、青島等繁華商埠中。這些身披明代衣冠、口稱清朝遺老的特殊人物，寒家也有一二人。我直到現在也還弄不明白，他們為什麼不穿開氣袍外褂、朝珠、孔雀翎、馬蹄袖、粉底靴，卻定要這樣地打扮。

那時戰事激烈，一部分起義同胞組織決死隊、敢死隊。這兩隊同胞，是不著軍服而穿古裝的。他們久於行間，對於衣冠源流很少研究，只會模仿戲臺上的打扮，有的是絨球羅帽、密鈕錦襖、團花英雄氅，有的是黑緞密扣襖、馬尾透風巾。打仗時，雖然仍用新式槍械，但肩頭腰際，都佩插對那樣服裝決不可少的刀劍；有人更於步槍之外，威武地拿上丈八矛、春秋刀、方天戟。街市間，平添不少舊小說上面所描寫底那些「背插單刀」的英雄。惟有鎖子連環甲、團花戰袍、狐狸尾、雉雞毛，大約是因為妨礙行動，竟未蒙採用。不獨敢死決死的同胞如此，便是開國以來第一次在武昌抱冰堂舉行文明結婚禮的，也是打扮得男如「黃天霸」、女如「張桂蘭」的一對璧人。

自稱「起義人」的糾紛

辛亥年八月十九那天晚上，工程營裡起義，開第一槍的人，雖在總理的《三民主義演講集》上，定為熊炳坤先生。但在武漢自稱「起義人」的同胞，實在太多，有的人不過口頭竊號自娛，梅寶璣、蘇成章、陳鴻誥、牟鴻勛、謝石欽這幾位，卻用這「起義人」三個字為頭銜，打電報，發宣言，一切要用文字表現的事體，總是署名「起義人」的。那時的《震旦民報》刊出一段極盡嘲罵能事的短評，譏諷他們署名是「非起義人」。可不得了，他們說「非起義人，就是不承認起義」，在法院告了《震旦民報》一狀。這樣一場富有刀筆風的訴訟，自然沒有什麼道理。但這些自命「起義人」的氣焰，從此就打了折扣。後來，中國成為袁世凱、黎元洪之天下，便是起義也沒有什麼了不得，他們也不必以能稱「起義人」為榮。這幾位「起義人」各奔前程，不明蹤跡。只有梅寶璣「起義人」，在北平、廣州漂泊了一番，最近來到南京，掛著「遇安居士」的招牌，作看相生涯，偶然發發「遍身羅綺者，不是養蠶人」的牢騷，現在還很潦倒地在京華軟紅塵裡、冠蓋群中活著。

入木的刻畫

在清廷將崩潰與革命軍停戰議和的忙裡偷閒中，新貴們自然要及時行樂。不過當日還不懂坐火車到上海跳舞，向交易所做標金公債等的方式，只能在武昌找土娼，或每天夕陽西下，辛苦渡過那一衣帶水的揚子江到漢口去嫖妓。漢口的街市被中華民國第三任大總統馮國璋的野炮放列，轟作一堆瓦礫，僅有租借地有妓院，於是這些地方就成為新貴們行樂的重心區了。有人仿〈滕王閣序〉做了一篇遊戲文，有什麼「口號下而紙煙含，電燈著而皮鞋響」，及「徽章與表練齊飛，眼鏡共晴天一色」，「……指點徽章問老爺之貴部」等佳句，可稱刻畫得入木三分。因為那時武昌的政府稱為軍政府，是具備著政府的雛形而各部全有的。這樣寒蠢的行樂，便已惹出處士的橫議來，二十五年前的同胞們，真太不開眼啊！

勤務與剪刀

那時女子當然絕對沒有剪髮的，男人剪髮的也是少數。這些少數的中間更是花樣百出：或割去辮梢，長拖二尺；或剃去四圍，頂上留作桃形；更有人是一半剪髮一半留辮，他們把頭髮挑開，剪去一半，一半梳成辮子盤在頂上，戴上銅盆式的呢帽，就一些也看不出來還有辮髮了。這樣的蝙蝠政策，和清朝末年已剪髮的人要戴假辮是一樣滑稽的。戰事停止，四鄉的人都紛紛到城中來，有辮子的十居八九，於是這剪辮工作就付給學生軍了。我們負著守獲官錢局的負任，這官錢局在武昌鼓樓街，正是全武昌城的繁華中心，是人人必走的要路。於是就發給每人一柄兩儀刀，叫我們在負勤務時，替有辮子的過路人義務剪辮。我們對於這件事，很有興味，剪刀一動，啼哭並作，十分有趣。我們雖微末得夠不上稱什麼起義同胞，但在開國時，確曾做了不少這樣的頂上工夫。彷彿造化小兒，在當時已存心替我安排下眼前不是縫工、理髮匠而也需用剪刀的職業。因為二十四年前，我就遇到了那樣的機會，已把運用剪刀的技能操練得不怎麼生疏了。

學校特別小

湖北的新軍，在清末是名震全國的，一切設備也很合那時的時代要求，所以能夠一舉而去清都，完成一個革命階段。武昌有一個陸軍特別小學，新軍的優秀份子都在裡面讀書。因為他們是學兵，就加上「特別」兩字，意思是要和純學生的陸軍小學有分別。在軍學不統一的叔季之世，是不算什麼怪事，不過這樣的特別小學，別省是沒有的。八月十九夜晚的槍聲一響，這些學兵，都成為時代的風雲兒，軍隊裡中下級帶兵官，幾乎全部是特別小學學兵出身，佩虎符、列雞翹的高級將領也有一二人，真是盛極一時。在革命過程中就義，而尚未成為烈士的闞雲瀘——闞龍，就是特別小學的學兵。他在黎元洪時代到陸軍部做少將參議，日本士官學校出身的陸錦，那時正做陸軍總長，陸錦在履歷片上看到他的出身，竟用拍案驚奇的態度，連說：「什麼什麼，學校還有特別小，學校還有特別小！」雖然這是一種腐化官僚菲薄起義的心情，但於此可見張之洞在湖北的特殊措施。

小學生勸張之洞舉事

張之洞在湖北的一切佈置，據說和晉朝的陶士行一樣，先是多少有點不臣之志的。後來他的大孫子從日本士官學校畢業回國，在制台衙門口墮馬身死，成為他的折翼之祥而灰了壯心，這樣的傳說，也不是全無根據。因為北洋軍猛攻漢陽，漢口陷落後，武昌孤城大受威脅，革命軍沒有遠射程的要塞炮，很張徨。有一個以前跟張當材官的人向當局報告，便在制台衙門大堂下掘出克虜伯廠製的大要塞炮一門，便架設在鳳凰山上，以固城防。張之洞在清末是手握兵柄的疆吏，為什麼要祕密埋藏大炮，不問而知，他是有儲器待時的作用。不過，他至多只有帝王思想，而決不是民族意識。

清末武昌有五路高等小學，課程等於現在的初中，那裡面很出了些不平凡的人物。當代第一流科學家李四光教授，也是那時中路高等小學學生。西路高等小學有一個小學生胡仰，就是後來被黎元洪懸萬元購緝的改進團首領胡維世。他和張之洞有年誼，張之洞很歡喜他，常傳他到制台衙門去。張之洞在武昌賓陽門外水木明瑟之區，建造了一所「抱冰堂」，常到那裡去宴集賓從，嘯傲雲物。有一天，他要胡維世做一篇〈抱冰堂記〉，胡維世在這一篇文章的尾段，寫了「大丈夫老當逾壯，楚之材猶可用也」的兩句煽動文子，老奸叵測，豈能輕易被小孩子送居爐火之上？便一道手令，將胡維世發交學校當局，嚴加管束。

在組織改進團時，胡維世到上海去謁總理，和有名的瘋子章炳麟又鬧出一段文字風波，事實是這樣的：當時總理正在計畫討袁軍事，改進團在湖北的機關有好幾處被破獲，殺了不少人，運動成熟了的馬隊，又要發動。胡維世便到上海謁總理，因為總理居處嚴密，外來的人非有上海同志紹介是不見的。胡尋著了章炳麟，要他寫一便條，以便前去，章炳麟也不留難，在一張紙條上寫道：「胡仰必欲得款兩萬，自謂效秦庭之哭，但無淚耳，願公哀之！」這樣寫，也許是章瘋子文字方面底一種痛俏技術，但高明鬼蜮，幾乎因為這而吃了胡狂童的老拳（狂童係清末時胡綽號）。

（原刊《逸經》第十五期）

護國之役雲南起義祕史

何慧青

雲南起義與國民黨之關係

雲南起義，擁護共和，國人俱以蔡鍔為主動，唐繼堯為被動。又以當時研究係首領梁啟超在政治上活動之力甚大，其宣傳力自偉，因蔡鍔為其弟子，人遂以為雲南起義全係研究係活動之成績，甚至並康有為亦謂吾命梁啟超令蔡鍔為之。以致創建民國，無役不從之國民黨，獨於此役，黯然減色。雲南護國首義紀念，在前與雙十節並重，今則日形冷落，僅與普通紀念，聊具儀式而已。其實平情言之，若唐繼堯不反對帝制，蔡至滇，唐講交誼可以將其禮送出境，不講交誼將其解交袁氏，以圖王侯之封，在勢均有可能。因蔡此時離滇近三年，所有滇軍將校屢經更易，已成唐氏之心腹部隊（蔡督滇時，滇軍第一師長為謝汝翼，第二師長為李鴻祥；離滇後第一師長為顧品珍，第二師長為沈汪度。唐函至時，以張子貞為第一師長，沈汪度死後以劉祖武為第二師長，旅、團、營長等幾全更易。至唐所以必須更易之故，因當時滇軍全係謝、李舊部，陰有拒唐入滇之意，幸旅長張子貞、團長孫永安等擁唐，唐始得安然接事，故唐非將謝、李勢力完全剷除，不能自固），直然與蔡不生關係。至言及黨派，則人只見報紙上表面上研究係之活動，而忘卻疆場上革命戰士衝鋒陷陣之活動。當時起義中人物，軍都督唐繼堯為同盟會員，第一軍長蔡鍔為國民黨員，第二軍長李烈鈞為同盟會員，其他梯團長、支隊長以下，十分之九為同盟會國民黨分子（黨籍詳下表）。以國民黨員擲頭顱、噀熱血所得之代價，被人貪天之功，據為己有，至今並國民黨幾亦不敢承認為本黨之紀念日，寧不為已死之數萬革命健兒呼冤。此筆者特於此二十一週紀念之日，將此次真相揭出，以告國人。

欲知雲南此次起義之真相，當先明雲南黨派之內容：雲南在民初幾全為國民黨勢力，進步黨僅少數之教育界及學術團體，其勢尚不及國民黨十分之一。至軍界則因握軍符者全為同盟會份子，故其下級幹部多為國民黨員。又自唐氏督滇後，表面上對袁雖極形恭順，實際因唐與李烈鈞、熊克武等私交極篤。癸丑革命，在湖口重慶失敗之黨員皆逃歸之，雲南幾成為革命黨之逋逃藪，唐皆一一收容於講武學校內，下級軍官則為學生，中上級軍官則任教職員。此時國民黨經袁氏之蹂躪，在各省幾銷聲滅跡，惟在雲南則以山高皇帝遠之故，革命暗潮高唱入雲，因此軍界對於袁氏無不怒髮衝冠，即無帝制發生，恐倒袁亦僅時間問題。適籌安會發生，軍界中人皆磨拳擦掌，認為討袁之時機已至，尤以鄧泰中、楊蓁態度尤為激昂。鄧、楊俱為同盟會員，鄧自恃與唐有親誼，楊自恃為唐得意門人，而又為有實力之團長，故無所顧忌，常與軍界前輩羅佩金、黃毓成等密商進行，雲南起義動機實萌於是。

國民黨之活動與三次祕密會議

時中山先生在日本，派呂志伊回滇，祕密運動軍隊。呂甫入滇垣，即有統率辦事處電令雲南巡按使署及將軍署略謂：「有亂黨李根源、呂志伊等入滇擾亂，命嚴防緝辦。」即被捕入員警廳拘押。呂乃私函鄧泰中、楊蓁求援，翌日鄧、楊得訊，即赴警廳，邀呂同至五華山謁唐，唐見面即道歉云：「此並非將軍署所為。軍署雖接有此電文，並未行文憲兵司令部，有案可稽。」即請呂暫住鄧泰中家中，復統率辦事處電，略謂：「李根源並未入滇。呂某雖屬民黨，然性尚和平，此來係回家經商，並無他意，已嚴加監視」云云。呂因此得盡結交軍界中人，祕密運動，曾得一部分軍人同意，決定四項辦法：（1）唐氏如反對帝制則仍擁其為領袖；（2）如唐中立則以禮送其出境；（3）如唐附和帝制則殺之；（4）如實行（2）（3）兩項則擁羅佩金為領袖。

鄧、楊亦欲探唐氏之真實態度而苦無機會，一日唐忽詰鄧曰：「袁氏稱帝，汝贊成否？」

鄧曰：「願隨將軍之意志為意志。」又問楊，楊曰：「將軍反對帝制則某願效死命，將軍贊成帝制，則某寧願辭職。請問將軍之意如何？」唐曰：「茲事體大，吾亦不能獨作主張，當取決多數。」但是時袁氏疊派專使江某、何某至滇，徵訊其意見，隱含有監視之意。唐行動已難自由，乃囑其弟繼虞在警衛混成團本部召開團長以上軍事祕密會議，由唐親自出席，宣佈開會宗旨後，即謂：「今日之會，係徵求全體真正之意思，望各發揮各人心中之真實意見，以備取決多數。」眾皆云：「以將軍之意思為意思，並無意見。」唐笑曰：「此係官話，非各人獨立發表意見不可。」良久俱無人應，唐曰：「各位皆不肯，由吾指定何人，即由何人發言，不得推諉。」即謂李友勛曰：「汝是第一團團長，由汝先發言。」李曰：「軍人以服從為天職，長官令進則進，令退則退，無意見可言。」唐復笑曰：「此更是官話。」又指其他，皆云與李團長之意相同。唐見各人俱不肯發言，乃曰：「可用無記名投票表決，希望各位不要揣測長官之意思，亦不要顧慮我們現在之舉措，而專發表自己真正之意思。」投票結果，全體一致，反對帝制。唐即當宣佈云：既是全體真意皆如此，則有福同享，有禍同當，無論成敗利鈍，皆無後悔。」並議決三事：（1）積極提倡部下愛國精神；（2）整理武裝準備作戰；（3）嚴守祕密。此為第一次之祕密會議，時九月十一日事也。

十月初七日復在警衛混成團本部開第二次祕密會議，商討起義時期，決定四項辦法如下：

（1）中部各省有一省可望響應時；

（2）黔、桂、川三省中有一省可望響應時；

（3）海外華僑或民黨接濟餉械；

（4）如以上三項時機，均歸無效，則本省為爭國民廉恥計，亦孤注一擲，宣告獨立。

此外並決派呂志伊赴海外報告中山先生，請其在南洋一帶向華僑募捐，又派李宗黃、劉雲峰等往江蘇，趙伸、吳擎天等往廣西，李植生往四川，楊秀靈等往湖南，祕密運動各省響應。

十一月三日，復開第三次祕密會議，決定起義時作戰方略，推羅佩金擬定。羅在滇軍中有智多星之稱，凡雲南軍政長官有大計，多取決於彼，蔡督滇時任參謀長，蔡之一切軍政設施多出其擘劃。羅乃計畫以滇軍一二兩師編為一軍，軍分三梯團，借剿匪為名，將第一梯團運動至四川敘州附近，第二梯團運動至瀘州附近，第三梯團運動至重慶方面，出其不意，一舉而占敘、瀘、渝。此三重鎮既克，四川即全在掌握，然後宣佈雲南獨立，反對帝制。別遣第三師，幫助貴州獨立，出湖南沅晃，謀會師武漢。並決定由唐坐鎮滇中，而以羅佩金為第一軍長、殷承瓛為參謀長出川。又以鄧泰中為第一梯團第一支隊，楊蓁為第二支隊，假名開往鎮雄剿匪，先行往川邊移動。鄧、楊遂祕密改編軍隊，準備動員，俱於十二月八、九、十等日，自雲南省開拔。

蔡李連袂入滇與第四次祕密會議

李烈鈞自海外歸來至香港，見唐與袁之關係，亦不知底蘊，命其學生張維義致函雲南民黨巨子葉荃、黃毓成、趙又新、羅佩金等，密探唐意旨。張至滇見雲南捕革命黨正急，蔡濟武及李根源之內弟某俱被捕殺，不敢投遞，事為呂志伊聞知，乃為之轉遞。唐聞知，即派其弟繼虞赴香港往迎，李遂偕方聲濤、熊克武、龔振洲等，改裝入滇，仍為袁偵知，即由統率辦事處代傳袁令曰：

急滇唐將軍華密：奉大元帥訓令：「疊據探報，有亂黨重要人，入滇煽亂，情形頗顯，等語。唐將軍公忠體國，智勇兼優，必可鎮攝消滅。倘有亂黨赴滇，或猝生擾亂，准唐繼堯以全權便宜處置。無論何人，但有謀亂行為，立置於法，事後報明，勿庸先行請示，所有偵剿出力將弁，均准破格請獎。要在保全地方，治安勿使生靈塗炭，予有厚望焉」等語，特達。處巧印。

隨於十二月十八日，又接統率辦事處皓電云：「蔡鍔、戴戡偕同亂黨入滇，應嚴密防範」等語。次日蔡鍔即繼李烈鈞之後入滇境，抵蒙自。袁氏偵知唐態度有異，密電蒙自道尹周杭、阿迷縣知事張一鵾，相機暗殺。事為唐查悉，急密電駐蒙自第二師長劉祖武嚴防，劉即親護送蔡至省城。周、張知事洩，相約偕逃，張行稍後，為唐捕殺，張為蘇州張一麐之介弟。

蔡氏至滇，事先並來接洽，亦無信通知，僅唐氏在滇聞知蔡在京之住宅被搜查，及逃往日本事。乃命鄧泰中赴港滬，訪其蹤跡不得，復行轉滇，率隊前往川邊。蔡蓋深悉滇軍之素質及唐氏之人格與交誼，決不至相負，乃作不速之客。及抵滇，見滇軍堅決反對帝制，且各項均籌備就緒，即於當日電梁啟超報告。梁自南京立復電謂：因外交上某種關係，以提前發表為佳。唐遂於其私邸開第四次祕密會議，變更以前計畫，提前發表。蔡、李、方、熊等俱出席，唐以梁電自南京發，以為馮國璋必有所助力，且不知外交上有何作用。又以蔡、李等至滇，袁氏已知，難再敷衍，遂決定於二十三日先電袁氏勸其取消帝制，懲辦禍首楊度等十三人，以謝天下，限二十四小時答覆。至二十四日無答覆，遂於二十五日宣佈雲南獨立，擁護共和。按懲辦禍首及宣佈獨立二電，俱由蔡氏攜來，為梁啟超手筆，經祕書長由雲龍、巡按使任可澄修改後，始發表，以文長從略。

論此次戰事，以原有之作戰計畫為最佳，出其不意，一戰而克四川，即可合滇、川、黔之眾，與北洋軍周旋於巫峽、夔門以外，東下湘鄂，西去秦隴，革命局勢當為之大振。乃因梁一電之促，僅敘州一路，軍隊已運至川邊，佔領尚易；瀘州、重慶方面，則以曹錕、張敬堯等北軍已大集，戰事極為猛烈，幾經挫折，革命精銳，大半犧牲於此。使無各省響應，則民國之為民國，尚不可知，而所謂外交上某種關係者，至今吾人尚莫名其妙。梁殆以未悉雲南內情，誠恐夜長夢多又生變化，而不知滇軍顛撲不破之革命精神，決不至「今日之我與明日之我宣戰」也。

起義時之誓詞及各將領之黨籍

宣佈起義之前夕，復開第五次祕密會議於五華山將軍署大禮堂，出席者蔡鍔、李烈鈞、任可澄、羅佩金、張子貞、方聲濤、陳廷策、劉法坤、成桄、顧品珍、孫永安、黃毓成、趙又新、戴戡、殷承瓛、楊傑、戢翼翹、葉成林、何海清、馬為麟、吳和宣、盛榮超、鄧埍、唐繼虞、李霈、李友勳、徐進、馬驄、秦光第、李修家、李朝陽、董鴻勛、趙世銘、李琪、胡道文、李雁賓、王伯群、庾恩暘等，唐繼堯主席。歃血為盟，由唐先刺指瀝血於酒壇內，並以餘血塗於親書簽名之誓詞上，蔡、李、任等依次舉行，其誓詞云：

擁護共和，我輩之責。興師起義，誓滅國賊。
成敗利鈍，與共休戚。萬苦千辛，捨命不渝。
凡我同人，堅持定力。有渝此盟，明神必殛。

宣誓畢，各人飲血酒一杯焚化誓詞，大呼「中華民國萬歲」三聲，旋議改組政府，更定軍隊名稱。有議以宜設臨時政府，推舉大元帥者，唐、蔡均不贊成，以為雲南以大義為天下倡，原期各省聞風響應，若先設此機關，使人謂我輩之舉，係為權利，反阻人向義之路，宜俟響應省份稍多，然後就各省公意組織，方足以示大公。遂決定設立雲南軍政府，置軍都督綜理軍民政事，軍隊則改稱護國軍，將所有滇軍改編為三軍。唐以蔡行輩最老，已曾為部下，即推蔡為都督，擬自率第一軍赴川。蔡又以唐在滇任將軍甚久，駕輕就熟，非唐莫屬，己此來為犧牲救國，願當前鋒，獨任其難。相持不決，卒以多數主張不變更現狀，唐乃從眾議，就軍都督任，聘蔡為第一軍總司令，任命李烈鈞為第二軍總司令（按李曾因此表示不滿，謂同一軍長，何以一則函聘一則任命）。此可見唐、蔡等起義時動機之純潔，絕無絲毫權利之心，存於其間，其讓德尤為近代軍人中所少見。今將護國軍之編制及將領之黨籍，表列如下：

護國軍之編制職位	姓名	黨籍
軍都督	唐繼堯	同盟會
總參謀長	張子貞	同盟會
第一軍總司令	蔡鍔	國民黨滇支部長
總參謀長	羅佩金	同盟會

護國軍之編制職位	姓名	黨籍
第一梯團長	劉雲峰	黨籍未詳
第一支隊長	鄧泰中	同盟會
第二支隊長	楊蓁	同盟會
第二梯團長	趙又新	同盟會

護國軍之編制職位	姓名	黨籍
第三支隊長	董鴻勛	同盟會
第四支隊長	何海清	無黨籍
第三梯團長	顧品珍	同盟會
第五支隊長	祿國藩	黨籍未詳
第六支隊長	朱德	前為國民黨，今為共產黨
第四梯團	戴戡	進步黨
第七支隊長	熊其勛	黨籍未詳
第八支隊長	王文華	國民黨
第二軍總司令官	李烈鈞	同盟會
第一梯團長	張開儒	同盟會
第一支隊長	錢開甲	未詳
第二支隊長	盛榮超	未詳
第二梯團長	方聲濤	同盟會
第三支隊長	黃永社	同盟會
第四支隊長	馬為麟	未詳
第三梯團長	何國鈞	同盟會
第五支隊長	林開武	未詳
第六支隊長	王錫吉	未詳

護國軍之編制職位	姓名	黨籍
第三軍總司令	唐繼堯	見前
第一梯團長	趙鍾奇	同盟會
第一支隊長	華封歌	未詳
第二支隊長	李植生	同盟會
第二梯團長	韓鳳樓	未詳
第三支隊長	吳傳聲	未詳
第四支隊長	彭文治	未詳
第三梯團長	黃毓成	同盟會
第五支隊長	楊傑	國民黨
第六支隊長	葉成林	未詳
第四梯團長	劉祖武	同盟會
第七支隊長	楊體震	未詳
第八支隊長	李友勛	國民黨
第五梯團長	庾恩暘	同盟會
第九支隊長	唐繼虞	國民黨
第十支隊長	趙世銘	未詳
第六梯團長	葉荃	同盟會
第十一支隊長	馬驄	未詳
第十二支隊長	鄧塤	無黨籍

觀上表，護國將領，十分之九為國民黨員，進步黨僅戴戡一人，且其所部仍非進步黨，如王文華仍為總理信徒，則此役為進步黨之力抑國民黨之力不辯自明。蓋自國民黨被解散後，進步黨亦無形瓦解，各黨俱生兔死狐悲之同情，及帝制發生，皆化除黨見，加入護國團體。民黨為厚集勢力起見，自不能拒絕。初不料喧賓奪主，如梁啟超《國體戰爭躬歷談》及《盾鼻集》所載，幾全為研究係之活動，此猶害之小焉者；最甚者彼貪天之功，熱中名利，不擇手段，致西南團體破壞，北洋軍閥勢力復張。如袁氏取消帝制，退居總統，召段祺瑞組閣，與護國軍停戰議和，梁即密電唐、蔡主和，唐復電以袁既稱帝，已喪失總統之資格，非其退位，無和可言；梁復由川直電蔡氏，蔡以師生關係，復電贊同。唐聞之復電各軍團長，謂：「前敵將領，不能自由發表意見，以免與政府主張兩歧。」蔡見此電，頗形憤慨，以為唐蓂賡居然以上司自居，我連發言之資格亦無矣。唐、蔡至此，即生意見。袁死後，梁保戴戡任四川省長，專挑撥川滇惡感，致川滇軍內訌，戴亦被戕，是進步黨此次之加入，實屬害過於利也。

至蔡所以得享大名之原因：（1）因護國成功後，梁氏依附馮（國璋）、段（祺瑞）取得一部分政權，其宣傳之力自大，民黨則仍在軍閥屏棄之列；（2）因雲南正在贊成帝制，選舉國民代表之際，忽焉蔡氏一至，霹靂一聲，風雲變色，局外不知，遂以為全係蔡氏之關係；（3）因蔡前在滇有善政，此次功成身死，人皆哀之，唐則坐鎮後方，運兵轉餉，悉索敝賦，結怨於民，遂讓蔡獨享大名。豈知雲南反對帝制，事先曾開五次祕密會議，蔡於第四次始參加，現尚不少人證。此事若非籌備之於平時，焉能於二三日之間咄嗟立辦？且若不先事敷衍，微見豐采，袁政府又安能相容？故使唐先無決心，準備有素，則蔡決不能於十九日到滇，二十三日發表討袁。且敘州距雲南省城須三十日路程，而護國軍第一、二兩支隊於一月二十日即佔領敘府，即使於蔡到滇之日即令出兵，依旅次行軍亦不能達到。況屬戰鬥行軍，自鹽井渡以下，黃耳坡、燕子坡、鳳來場、捧印村等均有敵軍扼守，沿途作戰躭延時日，十八日橫江之戰事尤為激烈，此在事實上尤可證明蔡未到之先，雲南早已出兵。筆者之為此言，並非抑蔡而揚唐，惟證明唐並非被動，於蔡之人格、勳績並不減損。且蔡自有高出唐之處，並不在主動與被動，如在四川作戰，北軍總數超出滇軍五倍以上，而蔡孤軍血戰，嘗以少勝眾，支持半年之久，雖由滇軍之忠勇善戰，亦全賴指揮官之謀略。而蔡對外之聲望與號召力亦在唐之上，無形中增加護國軍之聲勢不小。若使蔡轉而居唐之位，坐鎮滇中，籌餉增兵，接濟補充，恐又用非所長，唐、蔡實相得而愈彰。故蔡不入滇，雲南亦必起義，惟能成功與否，則又不可知。此凡知雲南起義內幕者，當不以余言為虛妄也。

又此役李烈鈞亦其中之中堅人物，在雲南則唐、蔡、李並稱謂護國三傑，而在外即少稱者。以論資格則蔡、李同為都督，論到滇之日期則李尚先於蔡，論任務則同為軍長，論戰功則李在桂粵之戰績亦不亞於四川，但人知有蔡不知有李，可見人之獲享大名，亦有命存焉。抑由起義至今，屈指二十一周，當時與盟參戰人物，或捐軀國事，或老死牖下，泰半已作古人。

今僅健存者，僅李烈鈞、任可澄、黃毓成、殷承瓛、唐繼虞、李宗黃、李修家、黃鴻勛、王伯群、朱培德、楊益謙、趙毓衡、成桄、楊傑、朱德等諸人，僅居十之二三。其中如李烈鈞、朱培德、楊傑等，則已為黨國元勳，朱德則已為共黨領袖。雖榮枯有別，趨向各殊，而俯仰之間俱為陳跡，「千秋萬歲名，寂寞身後事」，余亦何暇嘵嘵為之爭是非哉？

唐蔡之文學

蔡、唐等雖屬武人，頗嫻翰墨。蔡在日本留學時，嘗著論發表於《新民叢報》，別號擊椎生。任都督時，凡重要文電，多自揮毫，不假手祕書，其書顏骨歐體，雄勁可愛。唐文學亦優長，筆者於護國、護法時曾居軍幕任祕書之職務，每日函電多者百餘件，少亦四五十件，由祕書處摘由上呈，唐均親加批閱，寥寥三五語，整潔簡括。擬稿者雖多飽學，往往略加首尾，即成一文，僚友咸歎其文思敏捷，非常人所企及。唐行草法岳武穆草書前、後〈出師表〉，縱橫奔放，不可一世。詩亦如之，著有《東大陸主人言志錄》，今摘錄數首如下，以概其餘。

壬子冬由黔督滇途中偶成二律（節錄其一）

薄海風濤一劍擔，萬山雪月又天南。

須知平坦前途穩，莫謂崎嶇世路難。
蓋世才從達處老，極天事亦夢中看。
只今放膽學堯舜，敝屣君王總一般。

庚戌正月由家赴省途中偶成

磊落襟懷倡大同，昆池水淺且潛龍。
願銷天下蒼生苦，都入堯雲舜雨中。
雄才怒展傲崙華，千古功名未足跨。
蔓草他年收拾淨，江山栽遍自由花。

當起義時，筆者與友人惠雲岑、李巨栽等，組織《義聲報》，以為義軍聲援。出版之日，循例求名公偉人題詞，蒙蔡親題「闡揚大義，傳播仁聲」八字，唐亦親題「有聲來自西南，是集義所生者。何物敢竊神器，當折箠以笞之」，皆嵌有「義聲」兩字。

（原刊《逸經》第二十一期）

《雲南起義祕史》補註

何慧青

雲南起義祕史，詳述之非數萬言不能盡，筆者因恐占《逸經》之篇幅，費閱者寶貴之光陰，故力從簡略，以五六千字之短篇述竟，其中遺漏之處自多。昨杭州浙江大學有署名「愛讀《逸經》之一份子」之某君，竟投函質問，足見社會人士，對此事之注意，不厭求詳，特就某君所懷疑各點（次序略有顛倒），補註如下：

一、某君問：中山先生在日本派呂志伊回滇祕密運動軍隊被捕，唐見呂云「並非將軍署所為」，究竟何人將呂志伊捕入警察廳拘押？

按：此實原文省略之過。此事筆者據呂君口述，曾著〈雲南起義與國民黨之關係〉一文，載於《南強》第三期〈雲南起義專號〉云：唐見面即云：「奉統率辦事處電，有亂黨李根源、呂志伊等，回滇煽惑軍隊，希嚴密注意查拿等語。軍署並未發表此電，如係軍署所為，當然為憲兵司令部，今係警察廳，可知為巡按使署之公文。」時警察廳長唐夔賡亦在座，唐復謂：「舍弟近因葬先母事，亦未至廳。」余略道款曲即辭出。據此則捕呂尹者為巡按使署，巡按使即現任雲貴監察使任可澄。當時軍民分治，軍政兩署同奉統率辦事處電令，此等例行公事，各行其直屬機關照辦，亦屬當然之事（呂君現任立法委員。南強社在南京大石橋四十三號，「起義專號」於上年十二月底出版）。

二、問：原文既云：「即無帝制發生，恐倒袁亦僅時間問題。」後復云：「雲南正在贊成帝制，選舉國民代表之際……」未識倒袁者何人，而贊成帝制者又何人？

按：倒袁者為雲南軍界之實情，贊成帝制者為唐君敷衍袁氏之手段。蔡君亦曾以此敷衍袁氏，報章雜誌載此事者極多，如黃毅《袁氏盜國記》云：「籌安會成立，袁以帝制事探蔡意，蔡固重容附之，並允首先表示贊同，袁以為喜。」（見《逸經》第八期劉成禺君《洪憲紀事詩本事注》）故雲南起義後，袁曾通電，謂蔡曾勸進，唐曾贊成，並將唐往復之密電宣佈，吾人知蔡之勸進為假，又安能斷唐之贊成為真？即謂蔡在肘腋之下，不能不如此，然唐雖遠隔萬里，而袁見唐不可靠，一令褫職，討袁之計畫全盤受影響矣。又原文云：雲南革命暗潮高唱入雲，軍界對於袁氏無不怒髮衝冠。……籌安會發生，軍界中人皆磨拳擦掌，認為討袁之時機已至，尤以鄧泰中、楊蓁等態度最激烈。……常與軍界前輩羅佩金、黃毓成密商進行，雲南起義動機實萌於是。……

又決定四項辦法：（1）唐氏如反對帝制則仍擁其為領袖；（2）唐氏中立則禮送出境；（3）如唐附和帝制則殺之；（4）如實行（2）（3）兩項則舉羅佩金為領袖。則倒袁者為何人，一望而知。再明晰言之，所謂軍界，即指多數無名英雄，即雲南全體國民黨員，即已死之數萬健兒，彼等皆明瞭其所負之職責，寧願肝腦塗地，亦必將民國爭回。故臨戰無不忠義奮發，一以當十。七八月不發軍餉，兵卒無一怨言；大小百餘戰，轉戰數千里，死傷二萬餘人，無一降將變卒。民國以來之內戰，純潔神聖如此次者有幾？此豈由一二人主動，驅策之上戰線者、強令效死者可比。某君殆始終認為一二人之力，不屬於蔡，必屬於唐，觀點不同，故筆者明將倒袁主動力之所在指出而不知也。

三、問：蔡公既作不速之客，其行動自必十分狼狽。不知唐公怎樣查悉此事，密電劉師長嚴防？而劉師長又在何地尋得蔡公，即親護送至省？

按：關於蔡入滇之情形，據此次「南強起義專號」所載，均親歷親見之人所述，分錄如下：

（1）唐繼虞著〈雲南首義擁護共和二十一周年紀念〉文云：……至十一月中旬，適聞李協和先生自海外歸抵香港，唐公欣慰無似，遂令繼虞親赴香港，密約至滇，共圖大計。蓋唐公與協和先生，原係知交，公私關係，均極密切。茲將大舉，正宜約之來滇，共謀救國。繼虞奉命後遂首途赴港，行至越南，鑒於時機迫切，不可再緩，乃急電協和先生至越面商。迭次電達，均無消息，繼虞不得已仍登舟赴港。船將開行，聞協和先生已到，繼虞復回行館，相約晤談，當將唐公大計及歡迎本意，詳為說明。協和先生慨然應允，因即同行回滇。及抵河口接唐公急電云：據某領事館消息（按即日本領事館）蔡松坡京寓被檢，已潛行赴日，除由滇電各方偵察蹤跡、促速來滇外，希弟立即折回香港、上海等處探尋，密約來滇。至協和已另派鄧泰中來接，望轉告等語。次日鄧泰中已到，乃請協和先生改裝，同鄧泰中密行赴省。繼虞即折回香港上海等處，方將啟行，適聞蔡松坡先生已到越南，當即往晤，約之入滇，次日啟行。斯時袁氏已有所聞，曾密電唐公立置於法，事後報聞，並電其帝制黨羽蒙自道尹周杭、阿迷縣知事張一鵾，沿途謀害。唐公乃急電繼虞與駐蒙自師長劉祖武，沿途注意。及抵阿迷，周杭、張一鵾率領親信，暗中佈置，欲有所為，幸繼虞隨帶軍隊，警戒周到，卒不得逞。事洩，周杭潛逃，張一鵾被捕，隨即正法。

（2）黃斐章著〈雲南起義之經過〉云：……方蔡公之間關走日本也，尚以雲南未必真能舉義，姑到越南試探。帝制派蒙自道尹周杭、阿迷州知事張一鵾等，聞其將入滇境，正擬捕送北京報功。唐公知之，即派唐夔賡先生親往河內迎護，帝制派不得逞，遂亦棄職潛逃。蔡公首謂不圖同輩已有驚人之決心與準備，而民眾之澎湃更為難得。

（3）拙著〈雲南起義與國民黨之關係〉引呂君志伊之自述云……唐一日囑趙直齋，約余前往磋商，謂反對帝制早具決心，以雲南僅有兩師兵力，尚不及北洋軍十分之一，宜聯絡各省，多有響應者，始不至失敗。欲余往各省擔任聯絡工作，余慨然應允，唐即送余旅費兩千元。余啟行之前一日，正值國民大會投票贊成帝制之日，蓋唐表面上不能不敷衍袁氏也。余抵香港，鈕惕生、李協和、柏烈武、方聲濤、程頌雲、李印泉皆在香港，余道達雲南內情，皆為欣慰，余並具情報告總理。並悉總理已派鈕惕生、林隱青擔任運動廣西，葉夏聲、明紹楨赴廣東運動，居覺生在魯運動，于右任在秦運動，陳英士在上海運動，……余乃與李協和、方聲濤、熊錦帆同行返滇。將起程，聞張木辛言蔡松坡已動身，與王伯群、戴戡、殷叔桓偕往。余至老街，遇唐蓂賽（即唐繼虞）出關來迎李協和，余告以在外接洽之經過。適河口督辦署復接袁政府捕緝余之電，余以袁既重視余，恐前往反致憤事，乃仍出外接洽，李協和等則易服入滇云云。

以上三人，除呂志伊已見前述外，唐繼虞為唐之介弟，是時任警察廳長兼警衛軍第一團長，黃斐章即黃毓成，任護國軍挺進軍總司令，後縮編為第三軍第三梯團，均起義時之中堅人物。此三說與余說雖小有出入，然有共同之點，即：（1）蔡至滇時，雲南已有準備；（2）蔡至滇並未先通知雲南；（3）周杭等圖害蔡，確有其事。筆者與唐、黃、呂諸先生，雖係同鄉舊識，在京除與呂先生尚不時過從外，其與唐、黃諸先生均未謀面，此次以《南強》徵起義文稿，遂以文字相見。《雲南起義祕史》亦因此而作，初非有意為之也。

四、問：雲南反對帝制，事先曾開五次祕密會議，蔡公於第四次始參加，是雲南起義直然與蔡公不生關係矣。然何懲辦禍首及宣佈獨立二電，又俱為蔡公攜來，為梁啟超手筆？

按：筆者惟證明唐非被動，且極言蔡在四川之戰功高過於唐，唐、蔡實相得而愈彰。蓋筆者亦愛護蔡君之一員，請細閱原文自知。雲南開一、二、三次祕密會議時，則蔡正在北京與袁氏鉤心鬥角，想脫身之計，自不能化身到雲南開會；其出席之早遲，於蔡之功業人格絲毫無影響，並不能以其僅參加第四次會議，即謂與起義直然不生關係。至對於起義時之文電為梁啟超手筆，均必書之，正見筆者全係據事直書，對人毫無容心也。

五、問：梁復由川直電蔡氏，蔡以師生關係復電贊同，梁、蔡兩電似有相當重要性，為何不公開發表？

按：此兩電均係祕電，當時政府並未發表，筆者時任祕書，曾見此電，僅能記其大意，故未錄全文（現托滇友向滇省政府祕書處抄寄）。惟某君又可問袁政府捕蔡、李之密電，何以筆者會有？則以此二電載《唐會澤大事紀》中，此書為墨江楓漁所著，曾經梁啟超序言。若此兩電不實，吾知楓漁亦不敢求序於梁也。

六、問：唐於癸丑革命在湖口、重慶失敗之黨員，皆收容於講武學校內，何獨於蔡濟武及李根源之內弟某則反捕殺之？

按：癸丑革命，湖口及重慶之領袖今皆健在，不難一問而知。至蔡濟武等之死，有兩原因：一因唐與李根源之猜嫌頗深，唐極不願李之勢力得伸張於雲南；一說偵探向唐報告，蔡等之舉動時，值袁派之專使何國華在座，鄧泰中、楊蓁事前極力營救無效，曾大罵某偵探不知進退。蓋雲南內幕雖積極反袁，表面上仍須敷衍，故李烈鈞之入滇，係易服而入；呂志伊回至河口，聞袁有捕拿之電，仍退出，皆此故也。

七、問：假使唐公為主動，蔡公為被動，對於擁護共和不知又有何種重要關係？

按：原文結論曾言：「蔡不入滇，雲南亦必起義，惟成敗與否，則不可知。」此即明言蔡以身係護國之安危。至民黨於此役，以何黯然減色，閱原文首段亦自明，不待贅述。又護國紀念，在昔經國會通過，與國慶紀念典禮同一隆重，今則僅舉行儀式，並不放假，曾經雲南各界及參與內幕之黨國要人力爭。至謂禮送蔡出京或捕送袁報功，在勢均有可能一節，不過表示唐在滇有唯一之勢力，非蔡所能被動。蓋當時實情，惟其中下級軍官尚有左右唐之力，蔡決無左右唐之權。以雲南中下級軍官皆受革命之洗禮，經嚴格之訓練，其程度知識遠在北洋軍之上，更非其他軍隊所能及，其重心均寄於中下級軍官。辛亥革命，因鎮統鍾麟同不從，中下級軍官即起而殺之，光復雲南。護國之役，士氣尤甚於昔，若唐為被動，恐不待蔡來而秩序已不能維持矣，觀一部分軍人議決之四項辦法即可知。

以上已將某君懷疑各點，詳為補註，至某君所「希望曾經是役之海內人士有更正確之宏文發表，俾真像能真正揭示國人」，則《南強》此次之起義徵文，用意相同，發表之文，均為當時躬與其役之人物，各述其經歷之事，非局外虛構者可比。某君既關心此事，曷一閱之。

（原刊《逸經》第二十四期）

國民軍首都革命紀實

壁樹

曹錕賄選成功，浙、粵、奉實行聯絡，三公子會議於奉天，成立三角同盟，聯合聲討曹、吳。時馮玉祥氏任陸軍檢閱使，駐兵南苑，對曹之賄選既深致不滿，於吳佩孚之窮兵黷武尤為深惡痛絕。然以處境關係，勢孤力薄，無可奈何。時民黨要人徐謙、教育總長黃郛等均與馮友善，常與商討革命大計，均以推倒曹、吳為第一要著。馮實行首都革命之意念於此乃決。

大名鎮守使孫岳為老革命黨，與孫總理、呂公望、唐繼堯、李烈鈞、王法勤等締交甚密，與馮尤為多年老友，曾共謀灤州革命，蓋不惟私人交誼深厚，且在革命上亦為同志也。兩方平素信使往還，十餘年中未嘗間斷。孫在保定建一昭忠祠，紀念死難烈士，馮派人致祭；既而馮亦在南苑立一昭忠祠，孫則親去致祭，藉與馮晤面暢敘，時在十三年九月十日。馮宴之，飯後同至祠後墳地散步且談話，於國家多難、人民苦痛深致慨系之。墳地之側有草亭，乃同入小坐。孫顧累累墳塚謂馮曰：「民國成立不過十多年，此地已躺下這許多犧牲的戰士！」馮曰：

「此皆忠義好漢，他們為國家人民犧牲了性命，倒還落得一個忠字，也算得千古不朽了。」乃笑曰：「孫二哥，將來你死了之後，人家拿個什麼字來表揚你呢？」孫為人耿直爽快，曰：「不用說，他們自然叫我個人走狗！」馮挑之曰：「你統兵數千，鎮守一方，怎麼甘願作人家走狗？」孫曰：「豈但我這帶兵幾千的為然？即帶兵三四萬的人不也是做人家走狗嗎？」馮曰：「你不要罵人……」於是正色謂之曰：「方今國賊弄政，稍有熱血良心的人，沒有不痛恨的。我現在雖有三四萬人，然處此境地，力量單薄，一切均不由自主，故一直未敢莽撞下手，但早晚總有一天宰死這些混帳東西以快我心。」孫曰：「你說這些話，似乎很有決心。但不知究竟是真是假？如真有此意，我一定能幫助你幾萬人，大家合力來幹他一下。」馮曰：「你哪裡有這許多人？」孫曰：「胡笠僧、岳西峰都是熱血赤心的人，只要你革命，他們沒有不肯出力的。這事我可以去說動他們。」談良久，方鄭重叮囑而別。

馮移住旃檀寺，一日，岳西峰來。岳時為胡景翼陝軍第一師旅長，此來受胡所派。馮延之坐，岳請斥退左右，有密談。馮如其請，岳忽捧面大哭，謂家中不少穿的，不少吃的，出而做事，不過欲為國家人民效力，不意今竟作國賊走狗。馮慰之曰：「不惟你一人如此，我們大家都一樣的。為今之計，我們只有革命之一途。」岳曰：「我們都希望你幹起來，那時我們都願聽你的指揮。」將胡景翼意思一一轉達。馮曰：「此事萬萬不可操之太急，現在大家且努力準備，待時機到來，即可發動。」又主張將來事成，最好請孫中山先生北上，主持大局，則國家必可強盛光明矣。岳極興奮。馮問：「孫先生《建國大綱》讀過沒有？我這裡有孔祥熙贈我的一部，你可看看。」岳大喜。岳去，不久胡景翼自順德赴天津，順道至旃檀寺訪馮。胡稱孫禹行、岳西峰轉達各事都已知道，極表贊同。將來事成，必敦促中山先生北上，好好施行其計畫與主義。並謂欲中國復興，必舉行首都革命以打破腐惡政治局面，方有希望。又將李烈鈞、張繼、焦易堂、鈕惕生等民黨份子往來信函一一轉達。胡為同盟會中舊人，自其暫編第一師駐屯彰德、順德間，吳佩孚恒圖繳其械。時胡師部在順德，除留陝一旅團外，尚餘萬人，餉項無出，艱苦備至。胡銜吳甚，屢思有所舉動。十二年冬，李培賁自陝來，密議辦法，李建議聯馮。適有孫岳之奔走，其時遂大妥。

江浙戰事發生，東北風雲日緊，曹張惶失措，與吳佩孚、王承斌籌商應付辦法。吳於九月十七日抵京，謂江浙之事，可由蘇、皖、贛當局負責，盡可專意對奉，請速下討伐令。是晚召將領會議，各部長總長亦均參加。會議地點在中南海四照堂，中置一長桌，坐滿文武官員。吳著青色洋縐小夾襖，未繫扣，盤腿坐首席，大數奉張罪狀：「國逆奪我土地，殺我人民，劫我機關，……」如此一一指數，忽有人立起，謂：「還有海軍呢？」吳遂補一條，又有謂：「還有飛機呢？」又補一條，又有謂：「還有占我軍站呢？」遂再補一條。忽電燈滅，五分鐘後復明。會散，王懷慶笑謂馮曰：「這恐怕不是機詐！」自來未見如此下命令者，吳狂妄驕傲，其部屬蓋無不銜之刺骨也。會議結果，吳為討逆總司令，王承斌副之。彭壽莘、王懷慶、馮玉祥、曹鍈各任第一、二、三、四軍總司令，胡景翼為援軍第二路司令。警備司令一職，久久未決，馮即保薦孫岳任其事，曹錕甚表同意，謂：「還是把他放在後面好？」於是立即通過，而不知馮之保孫，早有成竹在胸，備作舉事時城內策應之人也。

計議既定，吳佯稱熱河一路地勢險峻，攻守不易，非勁旅不足以當敵，責馮擔任此路，而自任山海關一路。實則山海關一路兵站給養均極完備，而熱河一路則舟車兩缺，運輸困難，大軍前進至為危險，且子彈給養毫無籌備，前進愈遠，危險愈大，敗則犧牲塞外，勝亦難以立功。馮謂吳曰：「我這一路要什麼沒有什麼，苟無開拔費，恐不能行軍。」吳謂：「用不著！蓋各地縣長鄉紳皆喜應付兵差，他們花一文，可報五文。他們只怕無兵差，有則必大發其財。」馮曰：「他路可如此，我此路既無縣城，又少市鎮，一路上盡為三兩間茅屋的村落，連柴火也無處去弄。」然吳終不顧。馮又要求補充槍械，曹錕時適由義大利購到大批軍械，人所共知，無法推拒，乃批准給槍八千枝，機關槍炮各若干尊。批下，屢次認領，屢次不與。參謀蔣鴻遇、軍需賈玉璋大叫苦，進言於馮曰：「如此領法，恐一輩子也領不到手。」馮問如何辦法？曰：「槍械均由曹之嬖人李彥青執管，欲領槍枝，非錢不辦。」問須花錢多少？曰「恐須十萬。」馮曰：「我哪有這許多錢。」賈曰：「只要您答允，錢總可設法。」謂西北邊防辦事處尚有餘錢，送去，保可領來。馮於納賄賂事素不肯為，然為趕急補充軍實以圖大舉計，不得已亦只有答允照辦。錢三點送去，當晚六點即來電話，叫領槍械。馮猶以為適逢其會，非必十萬元之力也。翌晨馮往見曹報告槍已領下，進門，曹即迎出，滿面含笑曰：「煥章，你正缺錢用，怎麼反倒給我錢花？」曹錕、李彥青之狼狽作奸，不顧顏面，馮至此方深深領教，而班師回京之志愈決。

馮軍受命，於九月二十一日陸續開拔，二十四日開拔完竣。吳暗囑胡景翼監視馮軍，苟有越軌行動，盡可便宜處置。初不料馮、胡、孫間已早有密契。馮進駐密雲，留步兵一營駐守旃檀寺，任蔣鴻遇為留守司令兼兵站總監，辦理後方事宜，並責成蔣鴻遇派員赴河南招募新兵萬人，以備補充。未幾各方佈置就緒，所招新兵亦至。馮乃委孫良誠為補充第一旅旅長，張維璽為補充第二旅旅長，蔣鴻遇為補充第三旅旅長。隊伍開至古北口，吳又自天津派王承斌來為監軍，藉以監視馮之行動。馮素知王為人，所有計劃並不隱瞞。王聲言願守中立，不向吳告密，然亦不肯背吳相助，蓋對馮之舉動已有消極之同情矣。

十月上旬，榆關戰事緊急，吳調長辛店、豐台所駐第三師悉赴前方應戰。馮進至灤平，胡景翼派鄧寶珊來，馮召李鳴鐘、鹿鍾麟、張之江等同開會議，決定班師。又商定軍隊分配及其他事務。時北京城中由郛等刺探消息，一一報告灤平，馮得從容佈置。當即電蔣鴻遇妥為準備，令鹿鍾麟率部兼程進京，會同補充新兵張維璽、孫良誠兩旅，先抵北苑，再與蔣鴻遇派兵會同入城，分任警戒（此項新兵共三旅九團，人多視為無足重輕，不加注意，而不知其兵雖係新募，然頭目官長則素有訓練，成軍不久，已可負重大責任）。至李鳴鐘一旅則令直趨長辛店，截斷京漢、京奉交通。時胡景翼部皆在喜峰口，當即電約同時南旋，佔據軍糧城、灤州一帶，截斷京奉路直軍聯絡，防止吳佩孚調兵西向。其已抵順德之張之江、宋哲元旅亦令即日返京。又派員與熱河都統米振標聯絡，米亦表示願一致行動。馮於是親率劉郁芬旅直趨北京，抵古北口，適胡景翼又派劉守中來簽字首都革命計畫，以表鄭重，並聲明其隊伍紀律欠佳，不可入城。馮以其自知之明，至為嘉佩。行至北京高麗營，黃郛於二十一日夜由北京來，會商政府過渡時期辦法，攝閣之議遂定。二十二日，蔣鴻遇抵北苑，與孫、鹿、張會商任務。即於當晚八時由北苑出發，十二時抵定安門時，孫岳為北京警備司令，事前已有接洽，此時孫即開門延入，銜枚疾走，雞犬不驚。入城後，鹿鍾麟部在總統府四周警戒，並接收城防。同時由孫派隊將總統府衛隊解除武裝，給餉遣散。方鹿部入城，不但商民毫不知覺，即曹錕與政府要人亦均在夢中。直至二十三日，全城通衢要道，遍佈袖圍圓形白章、上書「誓死救國，真愛民，不擾民」十字軍隊，直系要人始吃驚而避入東交民巷。地方秩序，安堵如恒。

此次工作進行之嚴密、軍事佈置之周詳，兵不血刃，而克復首都，執曹敗吳，於革命軍事史上稱無遺憾。而馮軍自十九日由灤平班師動員，二十二日抵北苑，共行六七百里，日程計二百里左右。行軍之神速與官兵堅苦卓絕之精神，尤為革命史上所可大書特書者也。

二十四日，馮抵北苑，胡景翼、孫岳均到，即召集會議。公推馮為國民軍總司令兼第一軍長，胡、孫副之兼二、三軍長，國民軍之名義於此成立。馮當即請電孫中山北上，主持大計；

而岳則言段祺瑞在北方勢力極大，非擁之出，則局面不易收拾。孫作此提議，實亦有其苦心，蓋吳佩孚時已回師至天津，山東鄭士琦為段系人物，段出則鄭必可與以箝制，否則國民軍四面受敵，戰禍不能復免。於是始有迎段之議。此非但大違馮之本意，即胡、孫亦甚不願也。會議既終，馮、胡、孫及米振標暨所屬全體官長即通電全國，發表聲討軍閥、倡導和平之主張。又發表建國大綱五條，樹立政治改革之最高原則，五條如下：

（1）打破雇傭式體制，建設極清廉政府。

（2）用人以賢能為標準，取天下之公材，治天下之公務。

（3）對內實行親民政治，凡百設施務求民隱。

（4）對外講信修睦，以人道正義為根基，掃除一切攘奪欺詐行為。

（5）信賞必罰，財政公開。

二十八日又發表召集和平會議通電，徵詢各方意見。時奉軍乘機猛攻，吳腹背受敵，節節退敗。吳自前線退津，將殘餘約兩旅集中，準備進攻北京，又向蘇、鄂乞師。馮派張之江等三旅積極備戰。十一月一日兩軍接觸，吳不能支，乃率衛隊由大沽口逃去，天津遂入國民軍之手，而吳直轄軍隊乃消滅無餘矣。

直軍肅清，馮以清廢帝溥儀在宮，為封建餘孽、帝制禍根，乃於十一月四日召鹿鍾麟訪黃郛，修改優待條件，並驅遣溥儀出宮。為避免嫌疑，特請李石曾同往，先令交出玉璽，即日出宮。溥儀乃更服灰衣，攜其后妃，狼狽而去。段祺瑞聞之，電馮責其欺負孤兒寡婦，不以為然。馮答之曰：「此次到京，自愧未能作一事，正惟驅逐溥儀乃真可以告天下後世而無愧耳。」

其後環境變遷，空氣惡化，軍事政治結果大出起義諸人原意之外，茲不備述。

附錄

馮、胡、孫請中山先生北上電

國家建軍，原為禦侮，自相殘殺，中外同羞。不幸民國自民九以後，屢與無名之師，爭戰愈烈，元氣愈傷。當局者苟稍有天良，宜如何促進和平，與民休息。邇者東南興軍，延及東北，動全國之兵，枯萬民之骨。究之因何而戰，為誰而戰，主其事者恐亦無答復。本年水旱各災，饑荒遍野，正救死之不暇，何耀武之可言？吾民何辜，遭此荼毒，天災人禍，一時並作！玉祥午夜彷徨，欲哭無淚，受良心之驅使，為和平而爭鬥。爰於十月二十三日，班師回京，並聯合所屬各部，另組中華民國國民軍，誓為國為民效

用。先生黨國偉人，革命先進，務請即日北上，指導一切。除請馬君伯援代表歡迎晉謁面陳外，特備此緘以表微忱。恭頌鈞安

中山先生復電

北京馮煥章、王孝伯、胡笠僧、孫禹行諸先生均鑒：義旗聿舉，大憝肅清。諸兄功在國家，同謀慶倖。建設大計，亟欲決定。擬即日北上，與諸兄晤商。先此電達諸維鑒及。孫文叩感

中山先生復電

感電敬悉。辛亥革命，未竟全功，以致先生政策無由施展。今幸偕同友軍，戡定首都。此役即平，一切建國方略，尚賴指揮。希速命駕此來，俾親教誨，同深企盼！

（原刊《逸經》第十六期）

閩變回憶錄

耶戈

泉州是一個人口約有十五六萬、相當地繁榮的一個古城。這古城，假如我們不妨去翻翻歷史的記載，那是不會使我們忘記了它在歷史上的地位的。當閩變發生時，在政治與軍事它也占了一個極重要的地位，當然是比不上福州或漳州這兩個發動地。我想把那時在泉州所見所聞的事實記述出來，讀者從這不完整的片斷裡，也許能看出一個富有歷史意味的事變的真確面目。

一

閩變事件的醞釀，是在「一・二八」戰爭後，十九路軍被召入閩「剿赤」不久就有的。不過那時這個陰影只隱藏在三數個急進的高級長官心裡，而且是偷偷地在隱藏著，並沒有若何行動的表現。可是不久十九路軍在閩西的「剿赤」軍事，受了非常的打擊，同時在廣東政府反蔣的空氣也日形緊張，一般失意者便乘機活動。如陳銘樞、李濟琛、陳友仁、徐謙輩，在那時都是活動最力的要角。他們的企圖，無非要分間中央勢力，造成所謂五省的反蔣運動。我們知道十九路軍原是陳銘樞的舊部，所以他到福建去遊說時，頗受蔡廷鍇他們的青眼。那時福建的政權，可以說已全落在十九路軍的手上，陳銘樞等以為時機已到，便鼓動如簧之舌，說服了蔡廷鍇、蔣光鼐這些單純的軍人，以福建為發動五省聯合倒蔣運動的中心。一面盡力拉攏那些失意的政客，給以高官厚爵，祕密組織生產黨（這黨裡的政綱未詳，有的說是社民黨，有的說是取消派）。那時在十九路軍中，有許多高級長官都是這黨裡的中心人物，如張炎、翁照垣等。一面便派員和紅軍訂立一種協定（那時江西的紅軍還沒有到西北去）。因為，那時中華蘇維埃政府曾發出一種所謂凡站在抗日反蔣立場的任何一種部隊，不管是什麼黨、什麼派都可以和他們訂立一種共同作戰協定的宣言。那時的十九路軍正自以為是具備了這個條件的，於是經過了幾次磋商後，便在漳州（有說在福州）雙方各派大員，簽定這個共同作戰的協定。內容很簡單，共有：（1）雙方立即停止軍事行動；（2）釋放全省政治犯，並准許民眾有集會、結社、言論、出版、罷工、罷課等自由；（3）武裝全省民眾；（4）由人民革命政府（即十九路軍「叛變」後的改稱）發給紅軍子彈、食鹽並軍需若干（未詳），並立刻停止經濟封鎖；（5）雙方有密切地保持共同作戰的義務。還有附件若干，但因為手頭找不到這一類材料，所以沒有列入。當這協定簽定後，閩西的「剿赤」軍便開始向漳州、泉州撤退，向閩北以及浙江邊境移動，經濟封鎖也停止了。接著便在福州召開所謂全國的人民代表大會（其實到的只是五省範圍內的幾十個代表），宣佈和中央政府斷絕關係，成立人民革命政府，宣佈政綱並釋放全省的政治犯。

這一變來得非常地兀突，使得所有的民眾都因驚慌而不安起來了。消息、謠傳，雨點般地滴落到民眾的頭上來。有些說，人民革命政府就是蘇維埃政府；有的說，不久就要下命令把資本家的財產沒收。因此許多資本家和小有產者都惴惴不安，大家除了忙著把自己的財產從錢莊或國（省）立銀行拿出移交入外國銀行外，便想怎樣使自己離開這虎口，跑到安全的地帶去。可是事實上人民革命政府並沒有他們想像的那麼可怕和利害，它既不是蘇維埃，也沒有下令來沒收資本家的財產，只是在苛捐雜稅之上，再加上一個百分之一五抽的營業稅吧！

二

現在該讓我來敘述當人民革命政府成立後，對於泉州發生影響的一般情形了。

當所謂全國人民代表在福州開著會時，泉州還沒有一絲動靜，唯一能在報紙上看到的，只是缺少了一些例有的「剿赤」新聞，同時增加了些某要人離×赴×，某長官由×到×的消息而已。這雖使人一時摸不著頭腦，但是一個敏感的人，卻會從那簡短的新聞裡，聞出了一股暴風雨到來前朝的氣息。

天氣一直是陰沉沉的，一個出色的、真正南方的天氣。但是在這令人悶窒的陰沉中，卻有一件熱鬧而興奮的事情產生了，那便是所謂全國人民代表大會開後成立人民革命政府，宣言和政綱同時公佈的事情。這事情，只稍微使人驚嚇了幾分鐘，接下便是一聯串的冷淡。他們不但冷淡而且深深地表示著懷疑。這並非說人民革命政府的政綱和宣言不漂亮和堂皇，只是他們過去對老百姓空頭支票開的太多了。他們也知道一般貧困的農民在暴政的壓迫下，不斷地苦於苛捐雜稅的抽剝；他們也知道一個貧農沒有土地的耕種是痛苦的，富農、地主們把大部分的田地都掠為己有是不合理的；他們還開了要給貧農們以田地的支票，他們也答應要把捐稅擱免。這是對農民，至於工人和小資產階級呢？他們也以同樣響亮的口號和言辭，來保證人民革命政府將以最大的努力來給他們以工作和麵包。但人們仍然是冷淡，冷淡，第三個還是冷淡。至於在鄉下的農民，那簡直就不知道這個人民革命政府和中央有什麼差別，有許多甚至不知道有這個東西的存在。

不管是民間對它態度的冷淡也罷，人家對他的印象怎樣惡劣也罷，可是那些改頭換面後的政府機關，卻大大的在忙亂著。先是，他們必須派了大批政治工作人員（這是固有的特別黨部改組的）抬著白粉水，拿著刷子到處去作「清壁運動」，把舊的髒污的牆壁用白粉水刷新，再揮以如椽之筆，大書其口號和人民的要求。這一個工作，全城約經了一個星期才弄完。司令部對面的那個照牆，從前是繪著孫總理遺像的，現在也一抹勾消，用一大篇藍色字的所謂人民革命政府的政綱代替。同時，警察也換了一身嶄新制服，背著那幾根發鏽的破步槍，沿道向店家喊說：「嘿，你們大家人，新政府現在成立了，大家快把舊國旗（青天白日旗）預備好，要換新國旗了。」於是乎，由公安局去訂來了大批新國旗，沿戶調回舊國旗，並每戶收回大洋九角，因為這是新國旗的價錢。

這樣，沒半天工夫，便滿街都掛滿新國旗，國旗是四方形的，紅藍各半，中加以黃色的五芒星一個。據說紅的是代表工人，藍的代表農民，那個黃星則是表示工農聯合的意思。

三

那麼，閩變發生後，對於下層兵士的影響怎樣呢？我有幾個朋友在炮兵營裡當一等兵，當這事發生後，我便跑去找他們談話。以下的話，便是那時他們的答覆——

「這事發生，預先我們是一點也不知道，只有在兩星期前，特別黨部的政治主任對我們訓過一次話。但是，從他的訓話裡，也沒有明白的說明。他只說：在目前的中國已踏進了一種新的嚴重階段了，外侮一天一天的加緊，東北四省丟了，我們的弟兄，我們的土地淪亡了，但是我們的當局卻只有一味的××，甚至阻止我們在上海抗日。我們是受過了那次血的教訓的，我們都該有深切的比任何部隊更進一步的瞭解。因此，我們都必須有一種新的信仰，為新的政權而努力！……他這篇訓話，沒有使大家明白了多少意思，可是大家卻都生著懷疑。我們作了種種的推測，有的說我們將要變成紅軍了，有的說我們要聯合廣東政府去倒蔣，直到人民革命政府宣布成立。老百姓在熱鬧著換國旗、貼標語，我們才知道政治主任的話是怎麼一回事。但是在我們中依然沒有什麼改變，除了換了旗號、帽章，把師變成軍、把旅變成師等名稱的變更外，便什麼也和從前一樣，不過軍餉卻是比從前提早發了。……」

因為這樣，便發生了士兵不願赴前線打仗的事情，這不能說是沒有原因的。

四

人民革命政府既宣告成立，政治部為要更廣泛地發動民眾去參加這次事變，便極力在籌備著一個盛大的慶祝大會。他們裡面有許多是很優秀的工作人員，知道組織下層群眾的重要，但是他們本身都是一些外地人，本地情形不熟識，過去縣黨部的那幾個工作人員，又因受政變的影響，逃之夭夭。他們平時既和本地人隔閡，言語又互講不通，要到下層去進行組織工作，那是沒有辦法的。於是，他們便去拉攏在本地學校裡幾個較激進的學生，比方學生聯合會之類的代表，平常和他們都有接近的，給了他們以一個什麼政治訓練員之類的小名目，叫他們到下面去。有許多喜歡出風頭的中學生，也很樂於去幹這一類工作的。

在泉州這地方，正正當當算做產業工人的是很少。所謂之下層也者，也許只能說占絕對多數的黃包車夫和農民了。

政治部認為要組織下層，必須先從黃包車夫下手。但是這些黃包車夫平時的文化水準很低，在一千五百人中，最少有一半以上是有不良嗜好的，有吸紅丸，有抽大煙，也有打針的。從前他們其所以有工會的組織，原是由縣黨部下令強迫去參加，而且一參加就要交納會費，而實際上工會並沒有替他們做一些什麼事。所以，他們對於工會的印象是惡劣的，他們只知道工會是一個剝削工人血汗的機關，而不知道它是一個以求工人利益為前提的機關。

但是，政治部要把他們組織起來，廣派工作人員，到街頭去作普遍的宣傳，好容易費了好多精力去把黃包車夫拉在一起，不上三分鐘，有人喊黃包車，便又都統統溜了。

這一步方法是失敗了，他們便去採第二步方法。那是在三更半夜，等所有的黃包車夫都停車跑回宿舍來歇息了，他們便分頭出發，沿道挨戶的要他們登記。黃包車夫從夢中醒轉來，聽說有人要來登記，以為又是要來派什麼捐或者拉夫了，大家一嚇，都紛紛地溜走，躲藏起來。

第二步又失敗了。他們只好再耐心地用第三步，那是分頭去攤派車房老闆，每號要派代表兩個來參加談話會。但會是開了，卻沒有人。更有一種很不利的謠言在他們之中流傳著，說是人民革命政府因要上前線去打仗沒有兵，要強迫他們去當軍隊，不過先是用組織工會的名義把他們登記起來，然後再每人發給槍械驅上前線去打仗。因有了這種消息，所以有好多膽小的就連露面也不敢在街上露面，膽大的雖還在街上拉車，卻是那麼鬼鬼祟祟的，無時無刻不在準備著把車一丟望彎街僻巷溜走。

政治部沒有辦法，只好採取最後的一步了。那是不動聲息地派了大批軍警、工作人員，一起地攤在十字街頭，看見有黃包車夫來了，他們便採了密集的包圍式的姿勢，把他圍住，強迫著把姓名、位址、車輪號碼登記起來。登記完了，才給他一張紙條，說在什麼時候要在什麼地方開會，無論如何要到會，不到的抓到槍斃。這一步他們收效了，黃包車夫再也不敢違拗了，因為大家都怕槍斃。這樣，過了一個多星期，便登記了五百多個。政治部認為這個數目雖僅只三分之一，但開起成立會來也夠堂皇了。於是便在大光明戲院開泉州黃包車夫工會成立大會，到的各界代表、軍政要人，齊齊一堂，倒也可觀。於是便宣告開會，選舉，成立。選舉出來的雖都是黃包車夫自己的人，但實際的權力，卻落在政治部派去的那幾個幹事（當地學生）身上。這些學生，本來認識既非常不夠，一味憑著熱情做去，既不瞭解所謂人民革命政府的本質，於是工會一成立，便向黃包車夫提出「我們要求改良待遇，減低車租」等口號。這兒的黃包車夫，本來就有一種「狗仗虎威」的習慣，他們看現在有了政府作後盾了，於是便一致通過，派員交涉啦，罷工啦，把那些車房老闆辦的叫苦連天，結果把條件答應了。黃包車夫得到了他們夢想不到的大勝利，氣焰自然就高起來，不自然地把自己的地位也看高了好幾倍，因為他們現在有了一個自己的工會了。因此，到處便發生了黃包車夫「糾眾」毆打警察奇奇怪怪的新聞。

五

開慶祝人民革命政府成立和興泉省（那時已把福建分為四省，泉州便是興泉省的省府）成立大會的那天，我記得是一個煦和的天氣。在前幾天，滿街便給五光十色的標語口號貼滿了，嶄新的國旗在陽光下飄蕩著，人們為這個非常的集會而興奮著。那天，全市都休息一天，十時左右，中山公園便充滿了各色各樣的人們。有學生，有工人，有商民，也有武裝的士兵。因為怕秩序混亂，所以在二萬外人的會場外圍以鐵絲網。

主席臺上，站滿了各色各樣的要人，充滿了各色各樣的聲調。到十二時左右，天上突然來了一陣軋軋沉重的吼聲，這聲音是大家常聽到的——飛機聲。但是在這天，大家卻特別的注意，有好多人以為它是從福州人民革命政府臨時派來參加的，便都不約而同的抬起頭來向空凝望：但是飛機飛的太高了，使得他們無法從那機翼底下，認出是不是有著黃色五芒星的。

飛機在空中飛了好幾分鐘，打著圈走了。接著又是一架，這一架卻飛的很低，在機翼底下可以清楚地看出有兩個青天白日符號。它在會場上打圈，丟下了大批傳單，便馬上飛走了。大家呼號著，向前擠了去，把傳單搶著又從後退回來。看見是〈蔣中正告福建民眾和附逆的十九路軍將士書〉，便又趕快丟下，因為大家都怕闖禍。這時大家的秩序雖稍微混亂，可是等一會由糾察隊糾正著，又整齊起來。大家的心，還沒來得及鎮定下去，卻有一隊飛機，共是三隻，品排著從縣黨部那邊飛過來，飛得很低。大家以為它又是來散傳單的，沒打緊，都抬起頭看，那兒知道這隊怪物卻下起蛋來了。一粒尖長的東西，在陽光下這麼輕輕的一愰，接著便是一陣震天的巨響。——炸彈！——炸彈！……

群眾在疲憊裡吃驚過來了，一時秩序大亂，到處充塞著的是恐怖的旋流，是人們的驚呼，叫喊和奔走。當時我雜在人叢中奔跑逃難，可是臨時丟失了一隻鞋子，便掉落在人後，飛機尚在我的頭上軋軋的叫著。在我背後還跟著一個女學生，她的短裙子也許是拚命擠出鐵絲網的原因，已被撕去了一大半，只留著屁股後的一半，短褲也破了，可以模糊地見到她赤裸的下身，但是在大腿上卻淋著一片血跡。「剛才她還在喊打倒×××的口號呢！」我認得她，想著，禁不住覺得這個女孩子可笑又可憐了。

這時，這一隊灰色鐵鳥，仍不斷地在丟炸彈，有好多人被炸死了，頭顱、腦漿、四肢、肚腸到處飛著，也有好多房屋被炸毀了，底下便壓著活生生的人。終於在半個鐘頭後，它們飛走了。事後調查，才知道已有幾十人被炸死了，特別是一個公園裡參加大會的小學生死的頂慘：他的頭沒有了，四肢也變成了灰木一樣的焦黑，癱倒在血漬中。

這次的轟炸過後，廈門方面也有同樣的消息傳來（事後調查並無其事），漳州、永春也是同樣宣告兇信。更使人感到吃驚的，就是廈門市為避免流血慘案發生，已歸順中央了，而且這事很快便有事實證明，因為事後是差不多天天都有飛機到來。本來廈門和泉州原只有一水之隔，從廈門派飛機到泉州，只要十幾分鐘便可以到了。

城內天天有飛機來投彈，大家住不下去，便只好逃到城外曠地裡去避難。這時正是十二月大冷天，在那寬曠的田野裡，既吃不到溫暖的東西，又因不斷地受了驚嚇憂慮，這種苦處，可以想像得出的。

這樣生活，延續了半個月時間，最後才有消息傳來：說十九路軍已經屈服了，中央軍已佔領了福州，正向泉州推進。從前線撤退回來的十九路軍也已改旗換號，從泉州沿著汽車路退到漳州、龍岩。可是當太平消息傳來後的第二天，一陣陰雲又把四圍密罩起來了。因為中央軍和十九路軍毛維壽師長又在洛陽橋開起火來，坐在泉州城裡還隱約地能夠聽見那隆隆的炮聲。但是午後，商會卻派人出來鳴鑼，叫大家插青天白日旗，中央軍要進城，毛師已經歸順了。

（原刊《逸經》第二十五期）

附錄：《逸經》三十六期總目錄

第一期　創刊特大號一九三六年三月五日出版

《逸經》文史半月刊發刊啟事　逸經社同人
逸話　編者
《逸經》的故事　簡又文
林子超（林森）先生寫像
林子超（林森）先生題辭
談林子超（林森）先生　伏龍
丙子新正二律句（詩歌）　俞平伯
李太白的國籍問題　胡懷琛
諸葛武侯八陣圖　區宗洛繪　葉恭綽跋
我和言論界之因緣　柳亞子
《水滸傳》人物考　謝興堯
廣東人過新年記（附插圖一幅）　大華烈士
革命逸史（一）　馮自由
太平話　五知
凌霄漢閣筆記　徐彬彬
晚明史話　謝剛主
潘達微（附圖二幅）　陸丹林
歌唱的藝術　錢仁康譯
意阿戰爭的背景　李應林
關於顧千里書跋之輯刊（書評）　白蕉
第三種政治犯（小說）　許欽文
《胡適論學近者》（書評）　謝興堯
與又文先生論《逸經》　林語堂
救火總統　明
陰陽風　大華烈士

圖像

廣東舞獅圖

第五期　一九三六年五月五日出版

第九期　特大號　一九三六年七月五日出版

第十期　一九三六年七月二十日出版

近代詩人特輯（下）

第十一期　一九三六年八月五日出版

第十二期　一九三六年八月二十日出版

雲南杜文秀建國十八年來之始末（三） 何慧青
元慶去世七週年紀念文（附圖一幅） 許欽文
次郎與靜子〔日〕小泉八雲著 劉奇峰譯
東風集（六集） 大華烈士編訂
陰陽風（時人幽默兩則） 大華烈士

第十五期 一九三六年十月五日出版

逸話 編者
國慶歌（詩） 梁寒操
鴉片戰爭前之中英外交 謝興堯
答哀靈君論《清史稿》 金梁
嘉興訪碑記補錄 簡又文
王闓運與湘軍志（二） 徐一士
讀史零拾（四） 瞿兌之
瑣話中秋 徐中玉
革命逸史（十五） 馮自由
武昌起義雜憶 朱春駒
一代藝師吳昌碩（附圖三幅） 陸丹林
雲南杜文秀建國十八年之始末（四） 何慧青
紀念高爾基（附圖一幅） 盛成
洪憲紀事詩本事註（十一） 劉成禺
關於張天師（附圖二幅）
嗣漢天師府訪問記 唯公
天師世系 聞惕生
夢寐不忘（小說） Jean Giono著 金馬譯
東南風（六集） 大華烈士編訂
陰陽風 大華烈士
大華烈士啟事

第十六期 一九三六年十月二十日出版

逸話 編者
關於中國文學起源諸說 陳子展
馬尾觀戰記 〔美〕羅蚩記 李青崖譯
袁世凱代表簽訂斷送滿蒙條約之兩攝影（附圖二幅） 建華
國民軍首都革命紀實 璧樹
太平天日（三） 王重民錄
元至順二年糧鈔跋（附圖一幅） 柿生

王闓運與湘軍志（三） 徐一士
洪憲紀事詩本事註（十二） 劉成禺
雲南杜文秀建國十八年之始末（五）（附圖一幅）
何慧青
革命逸史（十六） 馮自由
「奧林匹克」話當年 錢仁康
當代教育家吳雷川先生（附圖一幅） 趙紫宸
于晦若（詩） 黃公諸
淫妻 許欽文
東南風（六集） 大華烈士編訂
陰陽風 大華烈士

第十七期特大號 一九三六年十一月五日出版

逸話 編者
慶祝中山先生誕辰特輯
圖像（各附文字說明）
總理倫敦照像
總理闔家照像
總理演說革命寫真
孫總理少年時期逸事（附圖二幅） 簡又文輯述
《太平天國戰史》（劉成禺著）序 孫文
革命逸史（十七） 馮自由
自由（總理遺墨） 孫文
論太平天國 孫文
先總理舊德錄序 劉成禺
太平天國史料
資政新篇（書影一〇幅，附謝興堯序） 洪仁玕遺
著 王重民校錄
太平天國東北兩王內訌紀實（譯自《華北先驅週
報》） 布列治門作 簡又文譯
跋《發逆初記》 五知
考據
李太白——中國人乎？突厥人乎？ 幽谷
齊女墳和巫咸墓的考證（附圖一幅） 俞友清
古代的雜戲 徐中玉
商標考 緦廬
補白
敬悼一代文豪魯迅先生（挽聯） 逸經社同人

海外散雅（一） 戴友蓀
近作（一）（詩） 陳寥士

文學

第八期軍前詩關於遏比隆本事訂正 濮伯欣、陳仲騫
《全唐詩》的編輯者及其前後 胡懷琛
《品花寶鑑》考證 趙景深

掌故

由「老頭子」問題與介紹所謂「家書」 徐一士
章太炎與張之洞 陸丹林

人志

林語堂自傳（附圖一幅） 工爻迻譯
周作人（附圖一幅） 溫源寧作 倪受民譯

詩詞

守愚齋題畫詩詞殘存錄（一） 大厂居士
洪憲紀事詩本事註（十三） 劉成禺

遊記

登富士山（附圖三幅） 子駿

小說

摩登伽女（長篇小說附圖二幅） 〔美〕布斯・達肯頓著 大華烈士譯
東南風（六集） 大華烈士編訂
陰陽風（世界文壇逸聞選自《信不信由你》，各附圖一幅） 大華烈士譯

第十八期 一九三六年十一月二十日出版

逸話 編者

史實

從董鄂妃談到張宸（一） 禾子
資政新篇 洪仁玕遺著 王重民錄

掌故

革命逸史（十八） 馮自由

紀念魯迅

痛悼魯迅先生（附圖三幅） 姚莘農
同魯迅先生最後的晤談（附圖一幅） 許欽文

文評

文病偶述 徐一士

人志

齊白石（附圖五幅） 盛成

齊白石雜談　陸丹林
林語堂自傳（二）　工爻迻譯

詩詞

洪憲紀事詩本事註（十四）　劉成禺
守愚齋題畫詩詞殘存錄（二）　大厂居士

小說

摩登伽女（長篇小說）（二）　〔美〕布斯·達肯頓著　大華烈士譯

雜俎

東南風（六集）　大華烈士編訂
陰陽風　大華烈士輯

第十九期　一九三六年十二月五日出版

逸話　編者

特寫

浙江文獻展覽會　簡又文

文學研究

《西廂記》著作人氏考正　魏復乾

史實

資政新篇（三）　洪仁玕遺著　王重民校錄
從董鄂妃談到張宸（二）　禾子

人志

瑣憶魯迅（附圖二）　楊霽雲
林語堂自傳（三）　工爻迻譯

詩詞

洪憲紀事詩本事註（十五）（附圖一幅）　劉成禺
守愚齋題畫詩詞殘存錄（三）（附圖三幅）　大厂居士

掌故

思想逸史（十九）　馮自由
尢列事略補述（一）（附圖一幅）

民族問題

關於畲民　柳雲
關於猺獞與客族問題之討論
來函　黎公耀
本刊復函　編者

第二十二期　一九三七年一月二十日出版

說客平議　旁觀
小說
「世界變了」（二則）　謝冰瑩
摩登伽女（六）（附圖一幅）　〔美〕布斯・達肯
　頓著　大華烈士譯
雜俎
東南風（六集）　大華烈士編訂
「逸經社」啟事　本社
啟事　謝興堯
緊要啟事　簡又文
勘誤　編者
第二十三期　一九三七年二月五日出版
逸話　陸丹林
近代史料
黑龍江拜泉陷城紀實（附圖一幅）　霽仁
劍橋大學所藏之太平史料（附圖二幅）　王重民
紀事
西安事變中之祕聞（附圖一幅）　LSH述
人志
俄國大詩人普式庚之放蕩生活（一）（附圖三幅）
　尊疑
詩詞
洪憲紀事詩本事註（十九）（附圖二幅）　劉成禺
守愚齋題畫詩詞殘存錄（七）　大厂居士
掌故
革命逸史（二三）　馮自由
祀灶與送窮　張謙安
歲除閒話　徐彥
民族問題
關於客族問題之討論
臚列客人族譜（致簡又文）　盧干君
復盧干君　簡又文
致簡又文　黎公耀
復黎公耀　簡又文
致簡又文　羅香林
復羅香林　簡又文
復吧城客屬總義祠公函　簡又文

第二十四期　一九三七年二月二十日出版

摩登伽女（八）〔美〕布斯・達肯頓著　大華烈士譯
東南風（六集）　大華烈士編訂

補白

鳥葬雜考　中考
左宗棠提高二千年　梅華
辮師之頑固　澤豐
奉和二適　寒操
真空祖師教略史　張謙安
更正　編者

第二十五期週年紀念特大號一九三七年三月五日出版

逸話　陸丹林
《逸經》之已往和將來　簡又文

文學

《人境廬詩草》　周作人
紅葫蘆隨筆　畢樹棠
多餘的話　瞿秋白遺著　雪華錄寄並序

建國史實

追懷總理述略　王寵惠
三十年前的「新世紀」（附圖二幅）　陸丹林
革命逸史（二五）　馮自由

今代史料

閩變回憶錄　耶戈

太平天國文獻

洪秀全革命之真相（有跋）　羅孝全作　簡又文譯
附錄一：米赫士牧師跋
附錄二：洪秀全來歷　洪仁玕遺著
插圖一：黃潮寬壁畫
插圖二：太平天國玉璽

藝林

黃潮寬的畫（附圖六幅）　簡又文

考據

上元燈　徐彥
《宛如約》本事考　任鼐

詩詞

金陵今詠本事註（並序）　劉成禺
洪憲紀事詩本事註（二〇）　劉成禺

第二十六期　一九三七年三月二十日出版

太平軍在上海專輯
上海小刀會亂事的始末　徐蔚南
小刀會佔據上海目擊記　晏瑪太作　簡又文譯
小刀會首領劉麗川訪問記　羅孝全作　簡又文譯
人志
顧維鈞　溫源寧作　倪受民譯
楊增新（附圖二幅）　江東山
今代史料
鄭成功墓被掘之始末　謝雲聲
酆都鬼世界　瞿民
小說
摩登伽女（一〇）　〔美〕布斯·達肯頓著　大華烈士譯
雜俎
東南風（六集）　大華烈士編訂
陰陽風　大華烈士
補白
車大行　野鶴
父不父子不子之兩闕　閒人

海外散雅（五）　戴友孫
董小宛像（國畫）　張沛霖

第二十七期　一九三七年四月五日出版

逸話　陸丹林
文學
淙雪堂與練要堂集（附圖一幅）　陸丹林
多餘的話（續完）　瞿秋白遺著　雪華錄寄
考據
寒食和清明　徐彥
建國史實
革命逸史（二七）　馮自由
總理倫敦蒙難之另一史料　鶴
開國大總統選舉票（附圖一幅）　王寵惠
人志
外人筆下之蔣介石夫婦　工爻輯譯
詩詞
金陵今詠本事註（二）　劉成禺
洪憲紀事詩本事註（二二）　劉成禺

洪憲紀事詩本事註（二三） 劉成禺

掌故

瑤齋漫筆 五知

祕聞

關於瞿秋白 黃魯珍

小說

摩登伽女（十二） 〔美〕布斯·達肯頓著 大華烈士譯

雜俎

東南風（六集） 大華烈士編訂

補白

海外散雅（六）戴友蓀

「浮名絆死生」之小文字獄 工爻

正誤 編者

徵求特寫文稿 逸經社

忠王李秀成墨跡（封面）

第二十九期 春季特大號一九三七年五月五日出版

逸話 陸丹林

文學

介紹女詩豪薄少君 胡懷琛

《板橋雜記》平語 任鼐

太平天國文獻

吳中文獻展覽會中之太平文物（附圖五幅） 簡又文

人志

奇丐武訓先生的生平（附圖一幅） 馮玉祥

威爾斯之風趣 《字林西報》文 司徒鳳儀譯

詩詞

洪憲紀事詩本事註（二四） 劉成禺

鄉居紀事詩 馮玉祥

掌故（光緒皇帝特輯）

載湉外紀 秋宗章

光緒在瀛台（附圖一幅） 范放

診治光緒皇帝祕記 屈桂庭述 簡又文記

藝林

中國繪畫之變遷 李寶泉

第三十一期 一九三七年六月五日出版

第三十三期 一九三七年七月十五日出版

人志

林長民及其從兄弟　陳與齡　王文顯　溫源寧作　倪受民譯

沈鴻英的孽賬（死虎餘腥錄）　柳興西

建國史實

革命逸史（三三）　馮自由

藝林

介紹幾位女書畫家（附圖六幅）

掌故

「長毛狀元」王韜（附圖一幅）　陳振國撰　劉又文跋

相老人九十八年見聞授錄（補錄三）（附圖一幅）　劉成禺

史乘

援越抗法光榮史（三）　何慧青

詩詞

洪憲紀事詩本事註（二八）　劉成禺

雲使〔印度〕迦梨陀娑著　王維克譯

哥薩兒行〔俄〕普式庚著　張西曼譯

今代史略

紅軍二萬五千里西引記（附圖一幅）　幽谷

考據

四川張獻忠碑記（附圖一幅）　林名鈞

附：張獻忠碑碑陰補志

眼鏡考　緦廬

特寫

外國人的姓名　俊青譯

逸聞

一個父親的懺悔　司徒鳳儀譯

小說

硬漢（忠勇愛國短篇）　大華烈士譯

雜俎

東南風（六集）（四川幽默）　大華烈士編訂

陰陽風　大華烈士

補白

湖遊近稿六首　大厂居士

相老人口授錄訂正　李伯琦

所謂四民　閒人

川軍剿赤逸聞　伯儀
斯文之厄　戴友蓀

第三十四期　一九三七年七月二十日出版

逸話　陸丹林

文學

陶詩「上京」辨　宋雲彬
無支祁傳說考（續完）　葉德均

人志

徐凌霄　阿蘇
宮崎寅藏（附圖）　宮崎龍介原著　曙山酌譯

建國史實

革命逸史（三四）（附圖四幅）　馮自由

詩歌

洪憲紀事詩本事註（二九）　劉成禺
人海詩平　春駒

史乘

援越抗法光榮史（四）（附圖一幅）　何慧青

掌故

年羹堯摺之硃批及其遺作　柿生

藝林

民國以來國畫之史的觀察　傅抱生

祕聞

關於瞿秋白之種種　趙庸夫

逸聞

羅斯福勝利生活之面面觀（附圖九幅）　司徒鳳儀譯

今代史料

紅軍二萬五千里西引記（續完）　幽谷

通訊討論

關於《西廂記》
　再和魏先生商討　賈天慈
　再與賈先生商討《西廂記》的作者　魏復乾
關於《西廂記》　退翁

雜俎

讀書隨筆（六則）　吳宗慈
東南風（六集）（廣州幽默）　大華烈士編訂
陰陽風　大華烈士

血歷史198　PC1019

新銳文創
INDEPENDENT & UNIQUE

《逸經》文史集粹

原　　著　簡又文等
主　　編　蔡登山
責任編輯　石書豪
圖文排版　楊家齊
封面設計　王嵩賀

出版策劃　新銳文創
發 行 人　宋政坤
法律顧問　毛國樑　律師
製作發行　秀威資訊科技股份有限公司
114 台北市內湖區瑞光路76巷65號1樓
電話：+886-2-2796-3638　傳真：+886-2-2796-1377
服務信箱：service@showwe.com.tw
http://www.showwe.com.tw
郵政劃撥　19563868　戶名：秀威資訊科技股份有限公司
展售門市　國家書店【松江門市】
104 台北市中山區松江路209號1樓
電話：+886-2-2518-0207　傳真：+886-2-2518-0778
網路訂購　秀威網路書店：https://store.showwe.tw
國家網路書店：https://www.govbooks.com.tw

出版日期　2021年7月　BOD一版
定　　價　380元

讀者回函卡

Printed in Taiwan

國家圖書館出版品預行編目

《逸經》文史集粹 / 簡又文等原著；蔡登山主編. -- 一版. -- 臺北市 : 新銳文創, 2021.07
面； 公分. -- (血歷史；198)
BOD版
ISBN 978-986-5540-50-0(平裝)

1. 近代史 2. 中國史 3. 文集

627.607 110009189